親子で楽しむ手づくりおもちゃ大集合Book

いつでもどこでもだれとでも
無差別級 楽しさ

不要品をフル活用！
すぐにできる遊べる
ベスト36

木村 研 編著

いかだ社

はじめに

　「手づくりおもちゃの研究家」という肩書きをいただいているせいか、おもちゃの講演や講師を頼まれることが多くなり、いささか困惑気味です。もともとめんどくさいことがニガテですから、つくるのも人に教えるのもめんどくさい。かなりいい加減な講師だと自覚していますが、楽しさだけは伝えようといつも思っています。
　そんなボクですが、昨年は何度もおもちゃの講師として小学校に行きました。学校に行った後、よく子どもたちからお礼のお便り（手紙）が届きます。児童文学作家のボクとしては、読書の感想文やお礼の手紙をいただくのはうれしいことですが、どこかで「書かされている」のでは、という思いがあって、素直に喜べませんでした。それが、おもちゃの場合は違うんです。
　お便りを読んでみると、ほとんどが「うちに帰って妹や弟と一緒に遊びました」「お兄さんやお姉さんにも教えてあげました」といった、うちで遊んだ様子を本当にうれしそうに書いてくれた内容です。そんな手紙を読みながら、ボクまでうれしくなりました。

　ボクは、子どもの頃から工作が嫌いでした。ニガテといったほうがいいかもしれません。こう話すと必ず「ウソでしょう？」と言われますが、本当です。ボクが思う"工作"とは、「つくることが目的のもの」を指します。言い換えれば、つくらせようとする側の意思が強くはたらくものです。学校でつくるものがそのいい例です。
　ボクはよく講演で「工作は学校でやってください」と言います。学校のようにつくることを目的にすると上手下手の評価ができます。評価されたら、工作がニガテだったボクの経験からすると「きれいにつくる女の子の評価がいい」のに決まっているから、やっぱり好きになれません。それに何よりダメなのが、早くつくると「時間があるからもっときれいに色を塗りなさい」と言われます。それがイヤなんです。

そんなこともあって、ボクがつくるものは"工作"ではなく"おもちゃ"です、と決めています。"おもちゃ"を辞書で引いていただくと「子どもが遊ぶための道具」という意味が書いてあります。遊ぶことは、ボク流の解釈では「いろんな力をつけること」です。中でも「生きる力」をつけると思っています。
　つまりボク流に言うと、ボクのおもちゃは「子どもが生きる力をつけるための道具」ということになります。力をつけるなら、１個つくるより２個、２個よりは３個、３個よりは４個と、多くつくるほうが力がつくに決まっていますね。遊びも同じです。繰り返し繰り返し遊んでほしいのです。ボクは、子どもたちにそんな力をつけてほしくて「おもちゃの楽しさ」を伝えようと思っています。
　本書は、前著『準備いらずの遊び・ゲーム大集合BOOK』の姉妹編となるものです。おもちゃのつくり方の指導書ではなく、家族で「遊びたくなる本」として活用してほしいのです。昔のおもちゃなどは、おじいちゃんやおばあちゃん、お父やお母さんが子どもの頃につくったことがあるだろうと思いますので、つくり方の説明も簡単にしてあります。もしわからなければ、いっしょに研究するとか調べてみるなどしてみてください。
　新しい発見が子どもたちの目を輝かせるはずです。そして、つくって終わりではなく、ぜひいっしょに遊んでください。それも、１回ではなく２回３回と遊んでいただけたら、きっと「子どもたちの心を豊かに育てる」ことになるでしょう。
　みなさんが、たくさん遊んでくれることを願っています。

2008年５月

木村　研

目次

はじめに 2

室内で遊ぶおもちゃ

目を回さないでね	くるくるもよう車	6
ちょっと大人気分	吹き矢ダーツ	8
かわいらしく回るよ	ストローくるくる	10
こわくないよ〜	かたかたサソリ	12
脳トレの元祖？	カエルの知恵の輪	14
だれのがいちばん回るかな	巻き巻きチラシごま	16
あけてもあけても箱が	箱・箱BOX	18
ナイショ話しちゃおうか	もしもし、どこでも糸電話	20

外で遊ぶおもちゃ

竹でっぽうの簡単バージョン	野菜でっぽう	22
うまくかかるかな	輪投げ	24
ピューンと飛んでいくよ	ストローアーチェリー	26
お父さんといっしょに	トレーグライダー	28
ふわふわおりてくる	パラシュートロケット	32
サーカスみたい	飛べ！ロケットマン	34
外で思いきり飛ばそう	ロケットくるくる	36

水で楽しむおもちゃ

お風呂で、プールで	むくむくくんとふわふわくん	38
あっという間にできる	かんたん帆かけ舟	40
どんな模様に染まるかな	紙染めで遊ぼう	42
濡れても楽しいぞ	水でっぽうをつくろう	46

飾って楽しむおもちゃ

家族みんなが登場	おひなさまカード	48
光が差しこむときれい	ステンドグラス	50
応用いろいろ	紙ビーズのネックレスとのれん	52
魚がゆらゆら揺れる	ペットボトルの水槽	54
遊びにも洋服かけにも使える	お面をつくろう	56
やさしい光にうっとり	ランプ	58

昔ながらのおもちゃ

お父さんはっけ〜ん	潜望鏡	60
見えると大よろこび！	針穴写真機(ピンホールカメラ)	62
竹馬がないときは	缶ぽっくりで遊ぼう	64
好きな模様でつくってね	万華鏡	66
マフラーを編もう	手づくり編み機	68

つくって勝負だゲーム盤

お父さんのウデの見せどころ	コリントゲーム	72
何秒で迷路から出られるかな	大型脱出ゲーム	76
どこから出るかドキドキ	ビー玉のあみだくじマシーン	80
大人も子どもも熱くなる	モグラたたきゲーム	84
こんなサイコロ素敵でしょ	CDすごろくゲーム	88
知恵をしぼって	王さまパズル	92

作品づくりの前に用意しておくと便利な道具
●筆記用具……鉛筆・消しゴム・油性ペン・色鉛筆・絵の具・クレヨン
●接着道具……セロハンテープ・ガムテープ・布ガムテープ・両面テープ・ビニールテープ・木工ボンド
●切るときに使う道具……はさみ・カッター
●その他……ホッチキス・押しピン・穴あけパンチ・千枚通し・キリ・定規・コンパス
☆各ページの"用意するもの"には、その作品をつくるために必要なものを表示してあります。

目を回さないでね
くるくるもよう車

ちょこっとコラム

子どものころ、家の中にひもを張るだけで、いつもと違う世界を感じたものです。
きれいに色をつけた回転ごまを転がして遊びましょう。見ている人も楽しいおもちゃです。

遊び方	①長めに切った糸2本の端を、壁のやや高い所に貼る（間隔を2、3cmあける）。糸をピンと張らせて、2本の糸が平行になるように、糸のもう一方を持つ。 ②高い方にこまを乗せると、こまが回転しながら降りてくる。

③高低差に変化をつけると、こまの回転も変わって楽しいよ。

【応用】
- 糸を長くして外でも遊んでみよう。
- 2階からのばしてやってみよう。

用意するもの
コースター（ダンボールや厚紙でも可）
竹串　たこ糸　紙

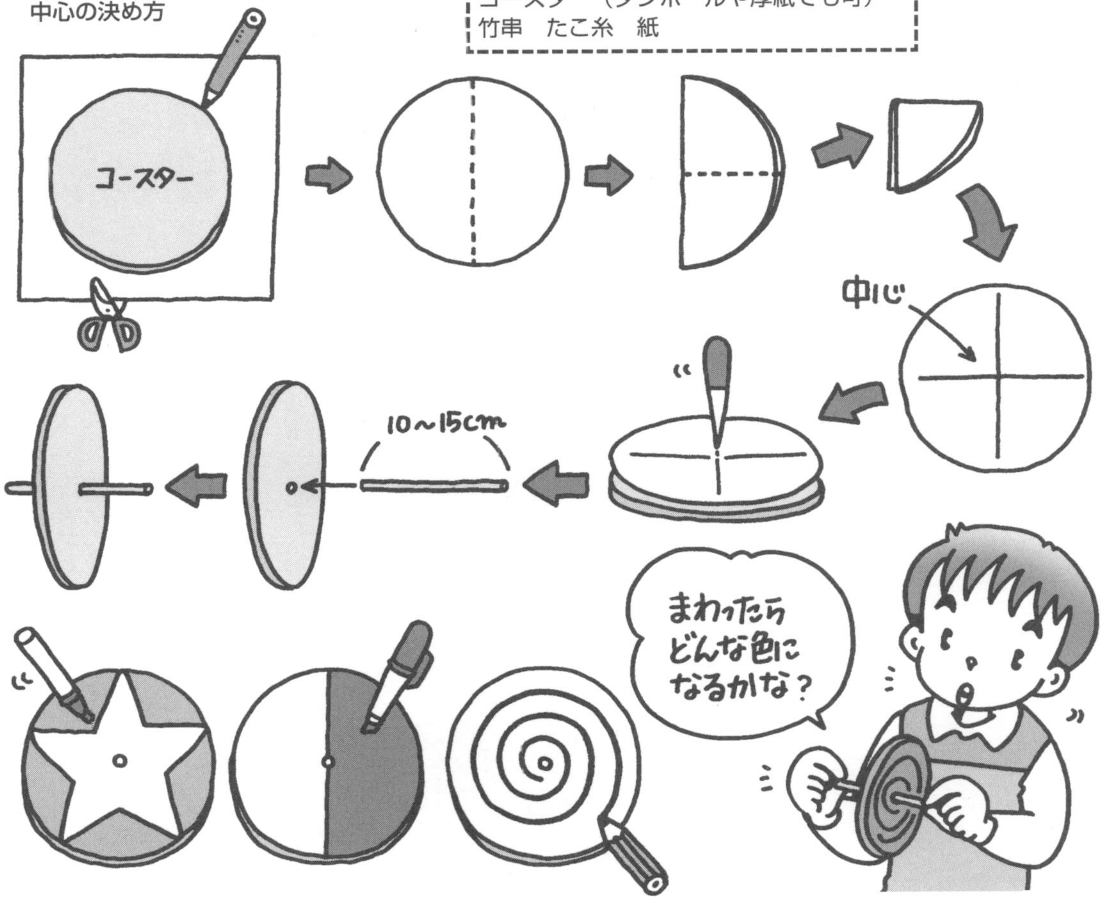

中心の決め方
コースター
中心
10～15cm
まわったら
どんな色に
なるかな？

つくり方

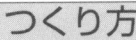

①コースターの中心に千枚通しで穴をあける。コースターがなければ、コンパスか皿を使って厚紙に円を書くとよい。

中心の決め方……コースターをなぞって別の紙に円を書き、切りとる。2回折ると中心が決まるので、紙をコースターにのせて穴をあける。

②コースターに色を塗ったり模様を描く。回転したときを考えて描こう。

③竹串を10～15㎝に切って、コースターに差しこむ。両側は同じ長さにする。

④いろんな大きさや形のこまをたくさんつくっておく。

ちょっと大人気分
吹き矢ダーツ

ちょこっとコラム

酒場でダーツをする映画のシーンに憧れて、狭いアパート暮らしのときにダーツを買いましたが、距離がなくて遊べませんでした。そんな思いをこめて、家の中でできるダーツを考えました。お試しを。

遊び方
① 壁に的を吊り下げる。
② 1～2m離れたところに立つ。
③ ラップの芯に矢をつめ、的をねらって矢を吹き飛ばす。
④ 矢がささったところが得点になる。矢の本数を決めて、得点を競って遊ぼう。

【応用】
● ラップの芯がなければ、画用紙やカレンダーなどを丸めてつくろう。
● トイレットペーパーの芯がなければ、牛乳パックをコップ形に切ったもので的をつくろう。

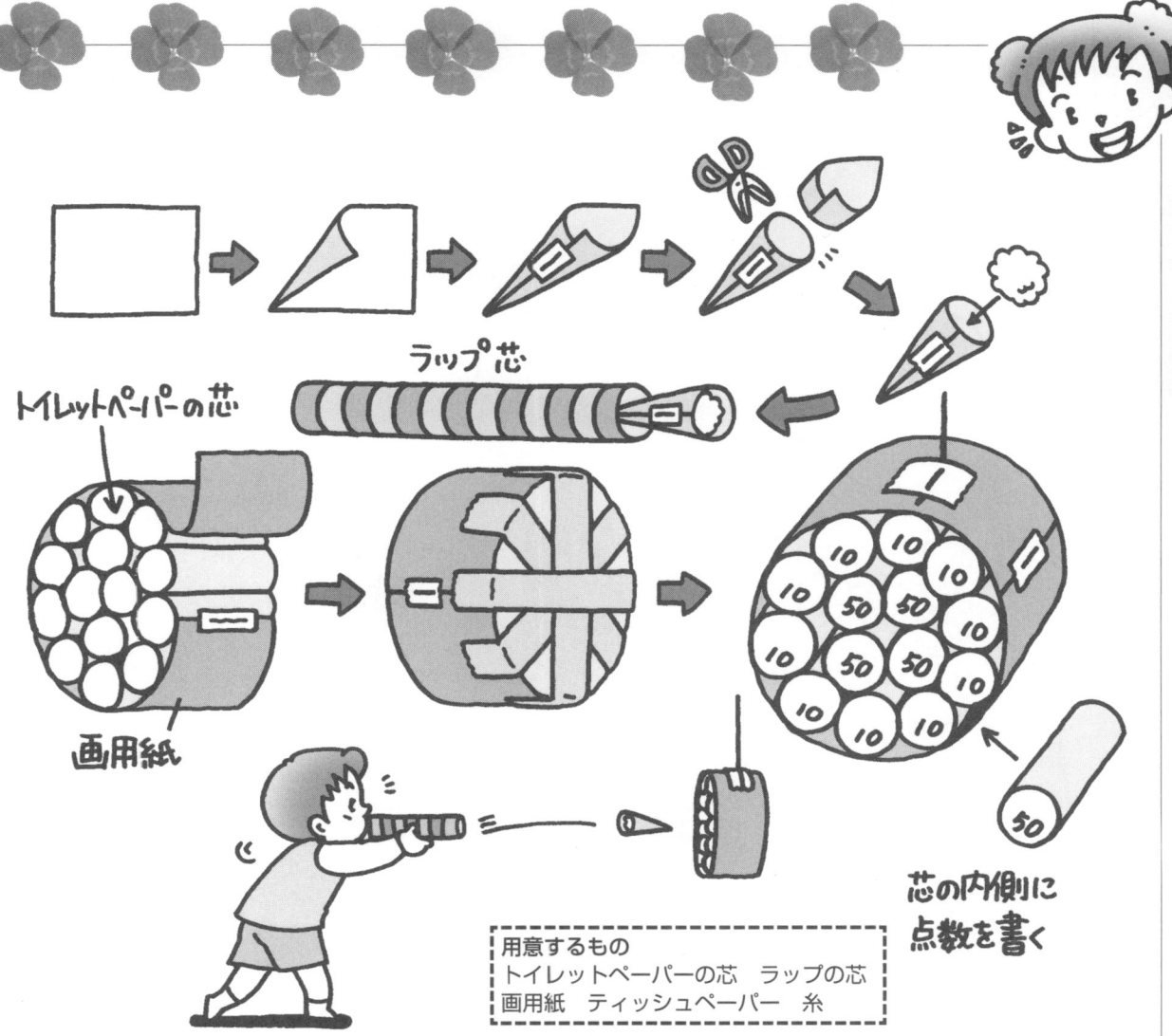

| つくり方 | ①ラップの芯に合わせて画用紙で円すいをつくる。はみ出した部分は切りとる。
②円すいの中の先に、ティッシュペーパーをつめて（重石になる程度）矢をつくる。矢はたくさんつくっておく。 | ③ラップの芯に色を塗ったり、きれいな紙やビニールテープを貼ろう。
④トイレットペーパーの芯を蜂の巣のように寄せてまとめ、画用紙で巻く。吊り下げられるようにする。
⑤底を貼ってふさぎ、中に点数を書く。 |

かわいらしく回るよ
ストローくるくる

ちょこっとコラム

太いストローと細いストローがあればつくれるおもちゃです。子どもといっしょにつくるのも楽しいですが、あらかじめつくっておいてプレゼントするのもいいですね。

| 遊び方 | ストローを立てるようにして、軽く吹いてみよう。くるくるきれいに回るよ。 |

【応用】
- ストローに油性ペンで色をつけてみよう。
- 2人でもできるようにつくってみよう。

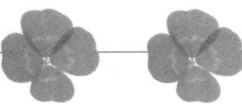

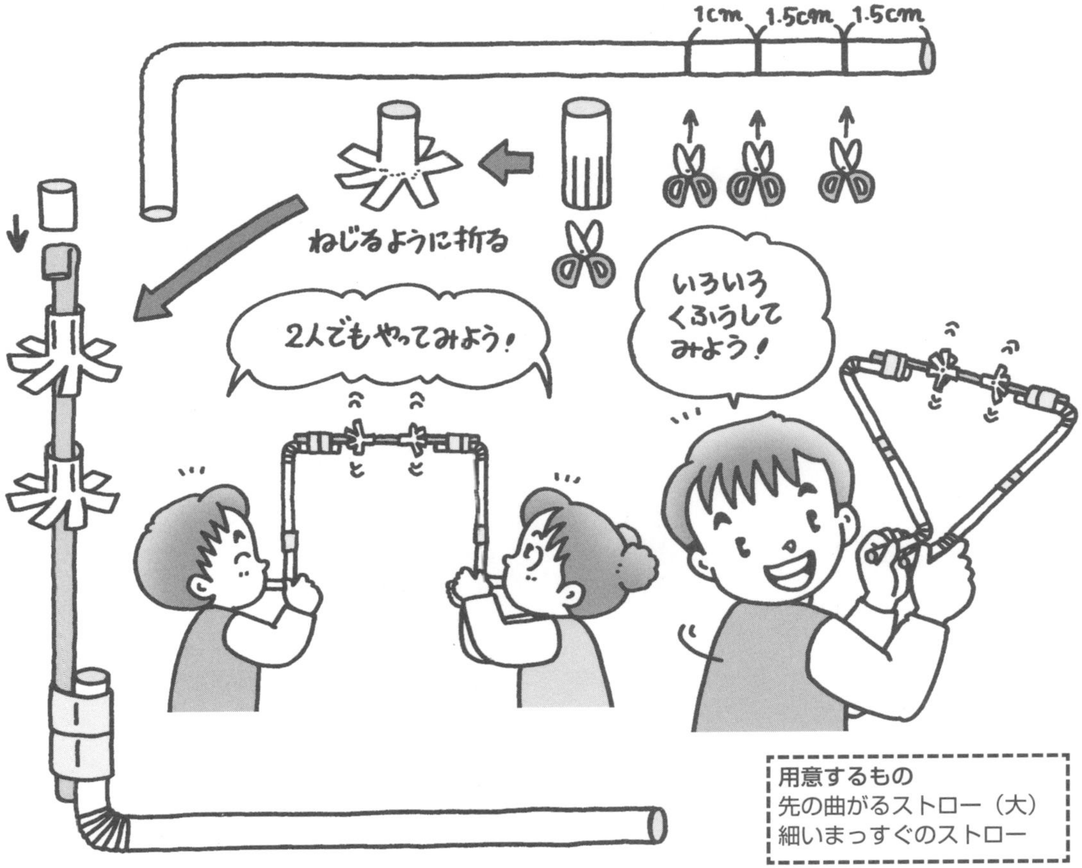

室内で遊ぶおもちゃ

ねじるように折る

2人でもやってみよう！

いろいろくふうしてみよう！

用意するもの
先の曲がるストロー（大）
細いまっすぐのストロー

つくり方

① 先の曲がるストローを引っぱって曲げ、長い方から1.5cmを2個、1cmを1個切りとる。

② 1.5cmのストローにはさみを差しこんで、5mmくらいの切りこみを8つ（または6つ）入れる。

③ 切りこみを同じ方向にひねって、つぶすくらい強く折り曲げる。2個つくる。

④ 先の曲がるストローの短い方に、細いストローをセロハンテープでとめる（太いストローの穴をふさがないように）。

⑤ 1.5cmの折り曲げた方を下にして、細いストローに通す。2個入れてもいいし1個でもよい。

⑥ 細いストローの先を折り曲げ、曲げたところに1cmのストローをかぶせる。

こわくないよ〜
かたかたサソリ

ちょこっとコラム
買い物をしたときにつけてくれる手提げの持ち手。捨てがたく、家のどこかにありませんか。でも、なかなか使う機会がありませんよね。おもちゃに使って遊んでみましょう。

遊び方	①手提げを持って、ねんどのボールを回転させるように引く。 ②手を離すと、サソリが走るよ。

【応用】
●ねんどのボールに色をつけたり、ボールをいびつな形にしてみよう。

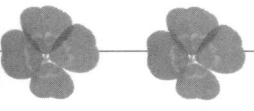

用意するもの
手提げの持ち手　クリップ　輪ゴム
ねんど　画用紙（厚めの紙）

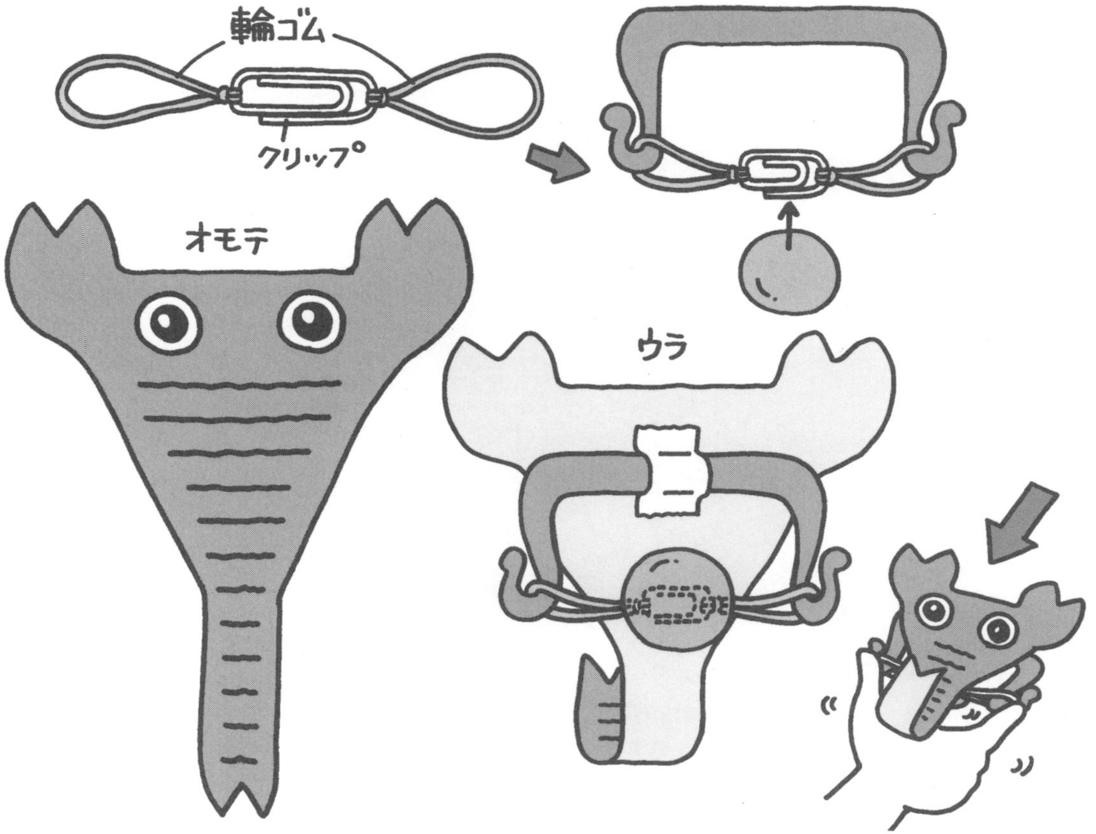

つくり方

①クリップの左右に輪ゴムをつける。
②輪ゴムを手提げにかける。
③クリップを包むようにねんどをつけてボールにする。
④画用紙でサソリの絵を描いて切りとる。
⑤手提げに貼りつけてサソリをつくる。

脳トレの元祖？
カエルの知恵の輪

ちょこっとコラム

知恵の輪はできないとついムキになってしまいますが、何かのはずみに簡単にとれるとうれしいですね。そんな楽しさを家庭でも味わってください。

遊び方	①あらかじめ3つのパーツを組み合わせておく。 ②「破らないようにカギをはずしてください」と言って相手に渡す。 （注意：「破らないように」は「折り曲げないで」という意味ではありませんが、あえて誤解させるような言い方をします。「折り曲げていいの？」と聞かれたら「破らなければ」と言いましょう） ③外せたら、ほかの人に見られないようにセットし直してまた遊ぼう。 【応用】 ●仕組みがわかったら、いろんな形をつくってみよう。

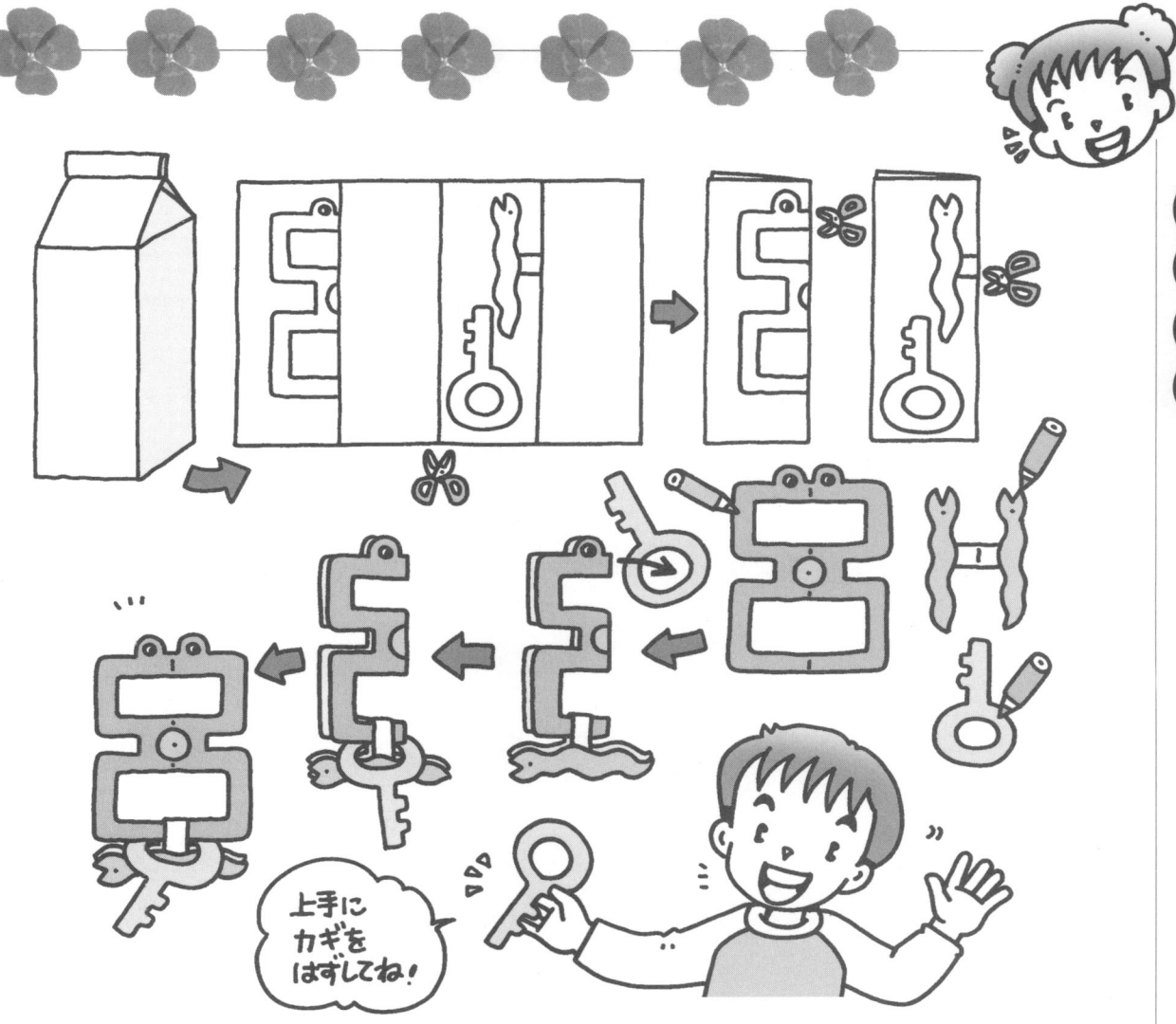

| つくり方 | ①牛乳パックを切り開く。
②貼り合わせ部分でないきれいな面を使うように半分にする。
③白地にカエルを描いて切りとり、色を塗る。
④カエルの幅に合わせてヘビとカギをつくる。折ったカエルの幅とヘビをかける幅を同じにするのがポイント。 | 用意するもの
牛乳パック |

だれのがいちばん回るかな
巻き巻きチラシごま

ちょこっとコラム

家庭でよく出るゴミにチラシがあります。ボクはこのチラシを折ってゴミ箱にしたりしますが、おもちゃもつくってみましょう。チラシを巻いてつくるこまです。

遊び方	テーブルの上で回してみよう。 【応用】 ●大きくつくってみよう。 ●まわりに模様などを描いてみよう。 ●色画用紙や紙テープを使って、模様を考えながらつくってみよう。

室内で遊ぶおもちゃ

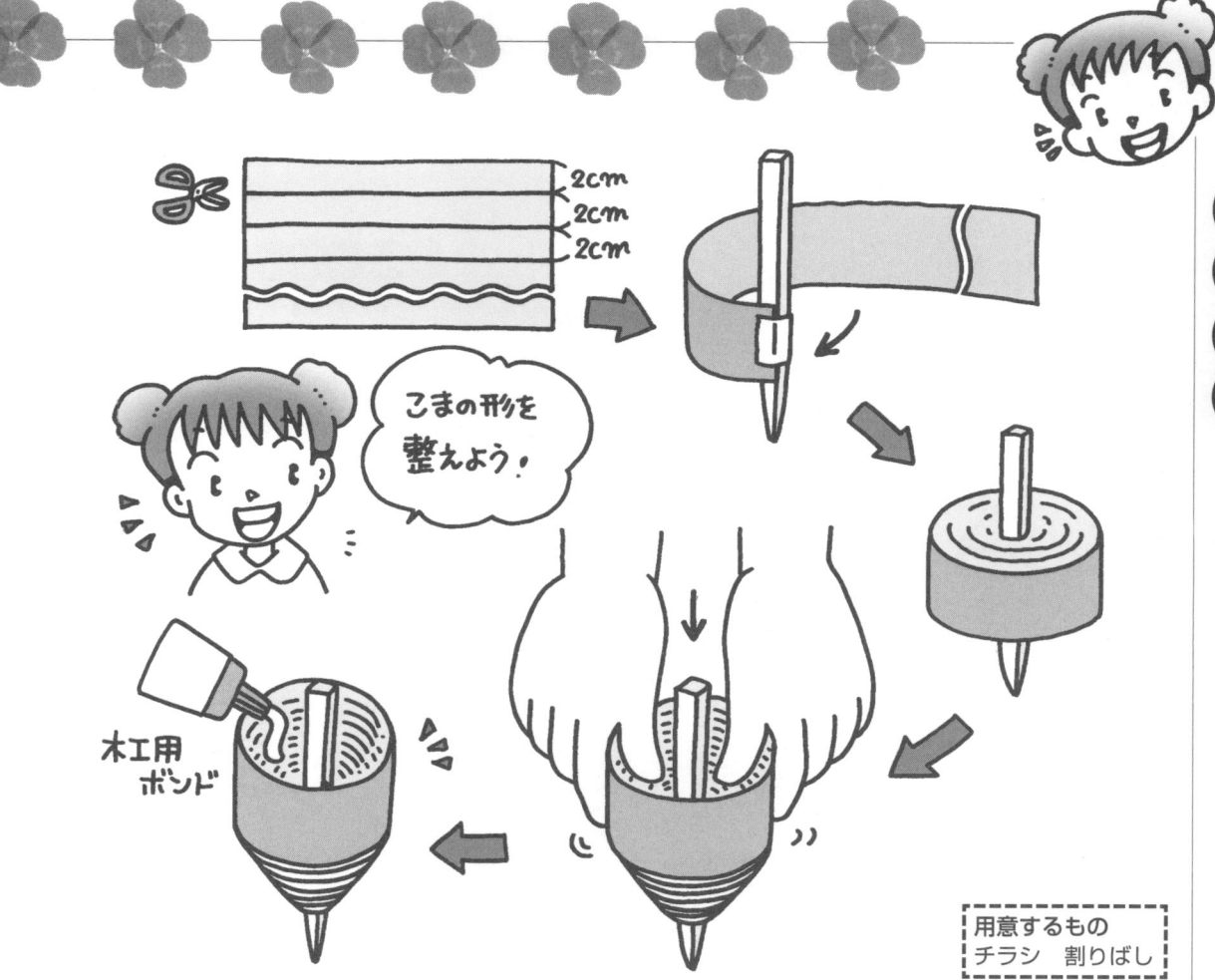

用意するもの
チラシ　割りばし

つくり方

①チラシを2cm幅に何本も切っておく。
②割りばしの先を鉛筆削りかナイフで削っておく。
③削りはじめくらいの位置に、セロハンテープでチラシの端を固定してから巻いていく。（注：チラシの下の部分をそろえるようにする。上はずれてもよい）
④チラシをつなぎ足しながら長く巻き、最後をのりで貼るかセロハンテープで固定する。
⑤巻いたチラシをずらしてこまの形を整える。
⑥ずらした外側と内側に木工ボンドを塗りこむようにつけて、ボンドが透明になるまで乾かす。
⑦乾いたら、割りばしを切ってできあがり。（注：こまのバランスを考えて、つまみ部分や先の長さを調整して切る。先はとがらなくてもよい）

あけてもあけても箱が
箱・箱BOX

ちょこっとコラム

プレゼントをするのにも遊び心を持ってはどうでしょう。マトリョーシカのように「何がでてくるのか」「どこまで続くのか」を期待させてのプレゼント、効果的ですよ。

| 遊び方 | 「はい、プレゼント。あけてごらん」と言って箱を渡そう。プレゼントらしくリボンを結ぶのもいいね。どんなものを入れたら効果的かを考えて遊びましょう。 |

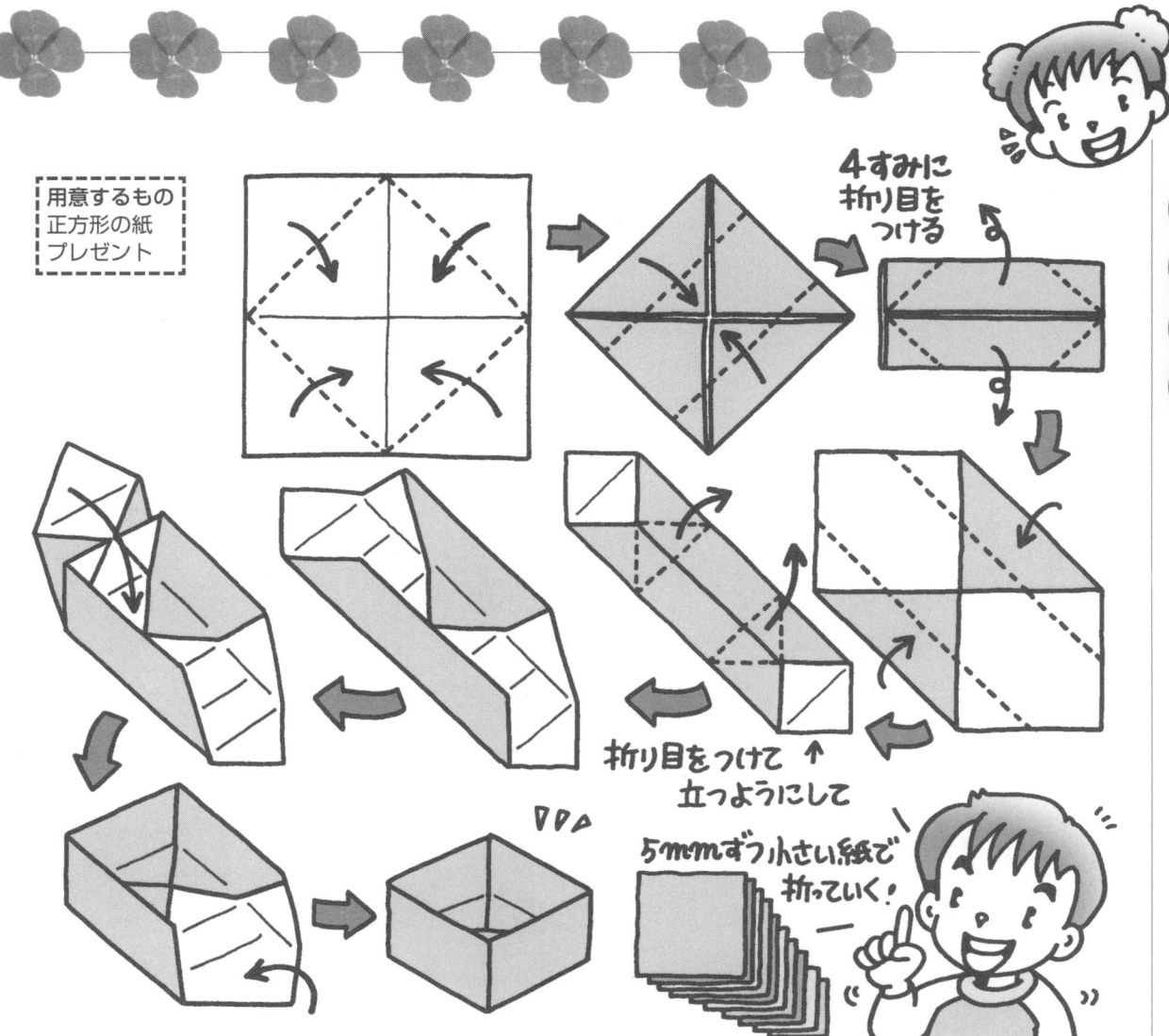

用意するもの
正方形の紙
プレゼント

4すみに折り目をつける

折り目をつけて立つようにして

5mmずつ小さい紙で折っていく！

| つくり方 | ①図のように紙を折って箱をつくる。
②5mmずつ小さい紙で、同じように折って箱をつくる。
③いちばん小さい箱にプレゼントを入れ、箱を重ねてできあがり。 |

ナイショ話しちゃおうか
もしもし、どこでも糸電話

ちょこっとコラム
メールで用事が済むことが多いせいか、会話が少なくなったように思います。はじめて電話でお話をしたときのように、どきどきしながらたくさんお話をしたいですね。

遊び方	①紙コップを持ち、糸がピンと張るくらい離れる。 ②1人が紙コップを耳に当て、もう1人が紙コップを口に当ててお話をしよう。離れていてもよく聞こえるよ。

【応用】
●糸の途中にもう1、2個糸電話をつけて、3人、4人でやってみよう。

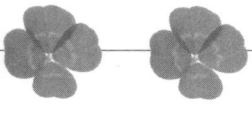

室内で遊ぶおもちゃ

糸が抜けない
ように貼る

用意するもの
紙コップ　もめん糸

ピンと
張ってね！

もし
もし…

わ～！
聞こえたよ～！

つくり方	①長めに切ったもめん糸を、紙コップの底にセロハンテープで貼りつける。糸が抜けないように貼るか、糸の先を丸めておくとよい。 ②糸の片方をもう１つの紙コップの底に固定する。

竹でっぽうの簡単バージョン
野菜でっぽう

ちょこっとコラム

家庭でなら簡単にできるおもちゃです。お母さんにお願いして、台所で出る野菜くず（大根・にんじん・さつまいもなど）をもらってつくってみましょう。

| 遊び方 | ①野菜の玉を矢の先に刺す。
②矢を引いて放すと、「パチン」という音とともに野菜が飛んでいく。 |

【応用】
●昔のように竹でつくってみよう。

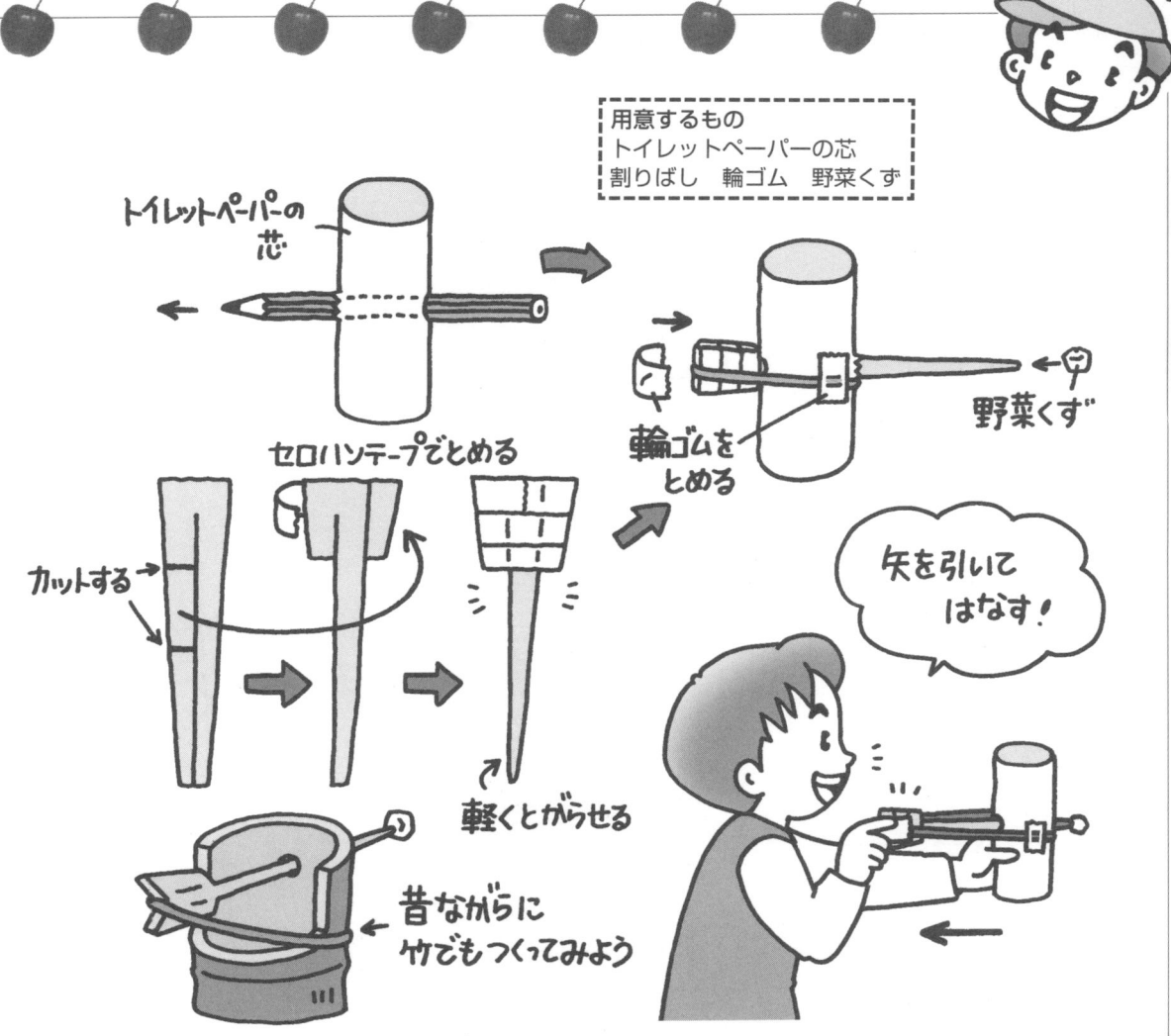

つくり方	①トイレットペーパーの芯に鉛筆を通り抜けさせて穴をあける。千枚通しであけてから、鉛筆を通すとよい。 ②割りばしを割らないよう図のように切り、矢をつくる。羽の部分は木工用ボンドで貼り、セロハンテープを巻いて固定する。先は危なくない程度に軽くとがらせる。 ③矢を芯の穴に通す。 ④芯に輪ゴムをかけ、芯の側面をテープで固定する。矢の羽の部分にも輪ゴムを固定する。 ⑤野菜くずを小さく切って玉にする。

うまくかかるかな
輪投げ

ちょこっとコラム

ある散歩の会で古い農家に行ったとき、昔のおもちゃが置いてありました。しかし今の子どもにはできないものばかり。唯一いっしょに遊べたのが輪投げでした。

遊び方
① トイレットペーパーの芯をつけた箱を置く。本などを台に、斜めにしてもよい。
② 離れた場所から輪を投げて、輪投げ遊びをしよう。

【応用】
● 板に木の棒を打ちつけてつくってみよう。この場合、水道用のホースで輪をつくってもいいですね。
● 的を壁につけてもいいですね。

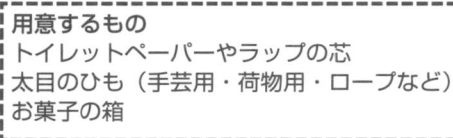

用意するもの
トイレットペーパーやラップの芯
太目のひも（手芸用・荷物用・ロープなど）
お菓子の箱

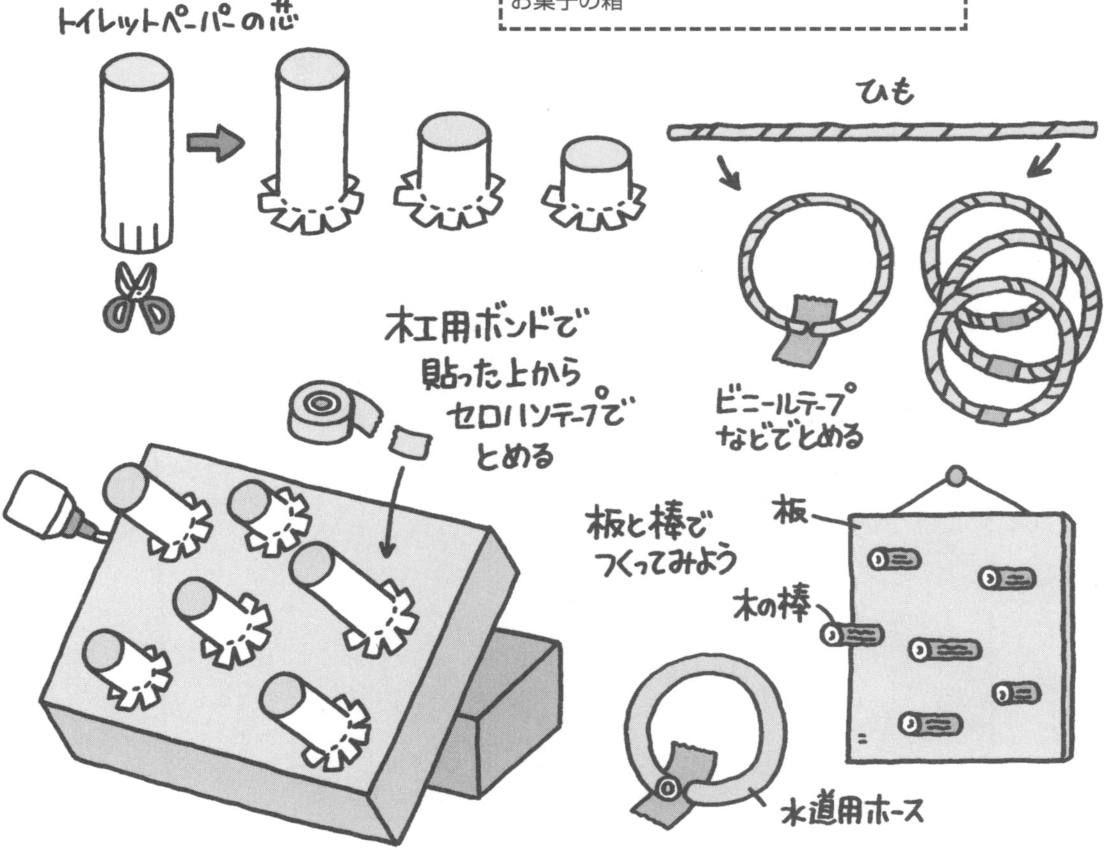

トイレットペーパーの芯

ひも

木工用ボンドで貼った上からセロハンテープでとめる

ビニールテープなどでとめる

板と棒でつくってみよう

板
木の棒

水道用ホース

つくり方

①トイレットペーパーの芯を、間隔をあけて箱に貼る。トイレットペーパーの芯は、切りこみを入れて外に折り曲げ、ボンドで固定した上からセロハンテープを貼ると強くなる。長さの違う芯を用意してもよい。

②30cmくらいに切った太目のひもを、縫い合わせるかビニールテープなどでとめて、ひもの輪をつくる。多めにつくっておく。

ピューンと飛んでいくよ
ストローアーチェリー

ちょこっとコラム
ワークショップやイベントで子どもたちがいちばん夢中になるおもちゃです。子どもといっしょにつくって、広い野原や公園で遊びましょう。

遊び方	①トイレットペーパーの芯を持ち、ストローの出ている方を前に向けて構える。 ②矢をV字の方から本体のストローに差しこむ。 ③V字を輪ゴムに引っかけてつまみ、弓のように引っぱって放す。

【応用】
- 残った矢をトイレットペーパーの芯に貼りつけて、矢立てをつくろう。
- トイレットペーパーの芯の底に紙を貼って、矢立てや筆立てにしよう。

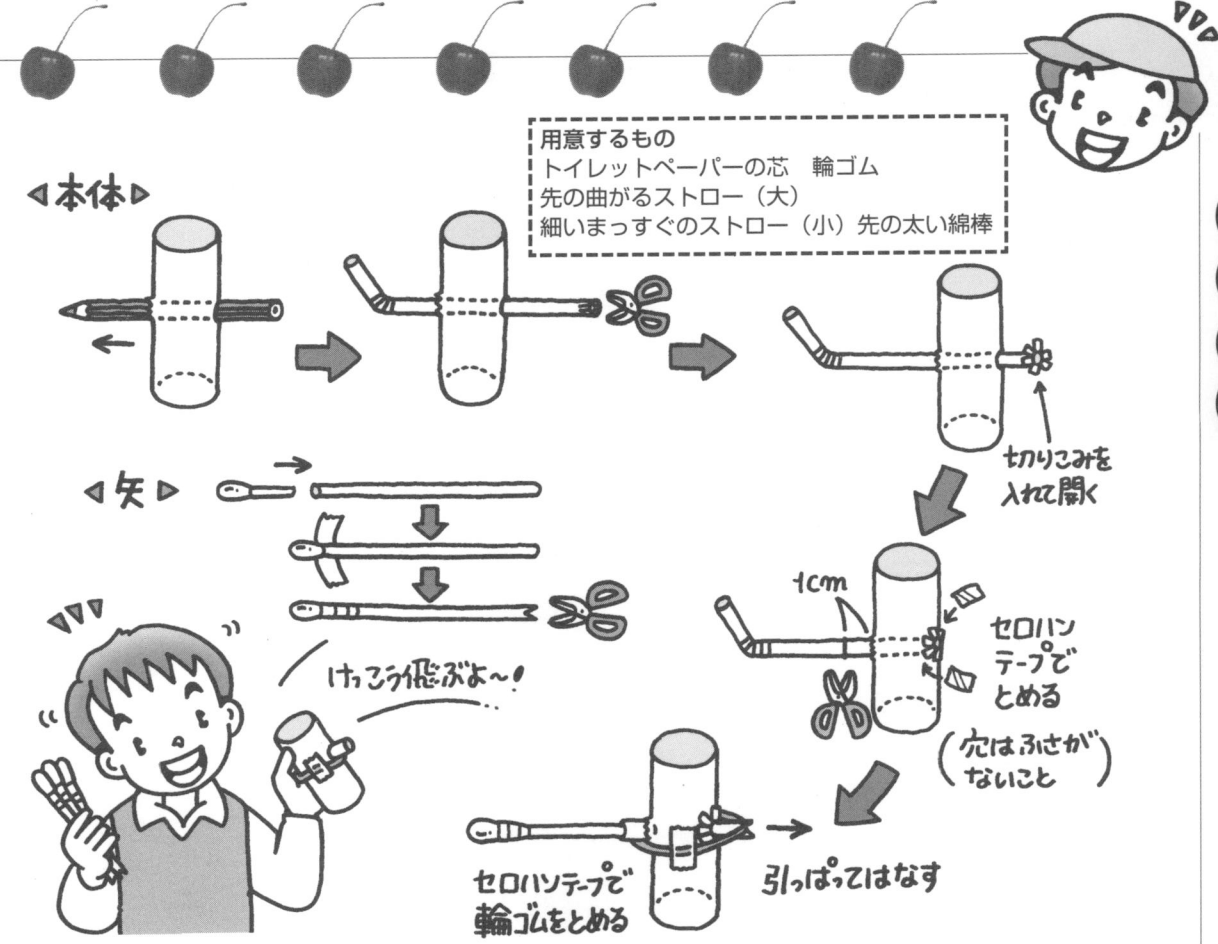

つくり方

① トイレットペーパーの芯に穴をあけて、鉛筆を通り抜けさせる。
② 先の曲がるストローを引っぱって曲げ、長い方を芯に通す。
③ 長い方の先に切りこみを5、6本入れる。
④ 切りこみを外に折り曲げて、花びらのように芯にセロハンテープで固定する。（注：ストローの穴にテープがかからないように貼る）
⑤ 芯から1cmくらいのところでストローを切る。
⑥ 輪ゴムをかけて、芯の側面（ストローの横あたり、前寄りに）を1ヵ所テープで固定する。これがアーチェリーの本体になる。（注：輪ゴムが長いときはストローに巻くとよい）
⑦ 綿棒を半分に切り、細いストローの先に差しこんで、テープで固定する。（ストローの反対側をV字形に切る。これが矢になる。

お父さんといっしょに
トレーグライダー

ちょこっとコラム

スチロールトレーも家庭ではよく出るゴミの１つでしょう。ボクは保育者の方々に講演する機会があると、「お父さんに参加してほしいときにつくるといいおもちゃ」としてこれを紹介しています。

遊び方 たこ糸を伸ばして持ち、腕を回してグライダーを飛ばそう。

【応用】
●プロペラをつくってみよう（P.30参照）。

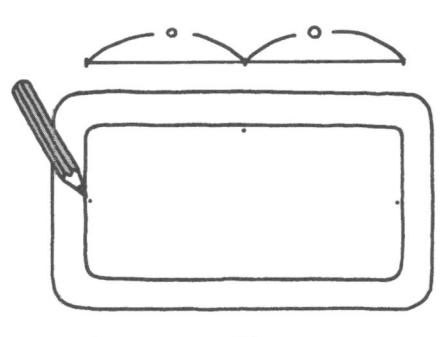

用意するもの
白いスチロールトレー（目安は1辺が12〜15cmのものだが、これより大きくても小さくてもよい）
たこ糸　太いストロー　細いストロー
色画用紙　洗濯ばさみ

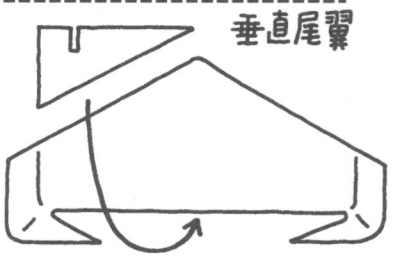

垂直尾翼

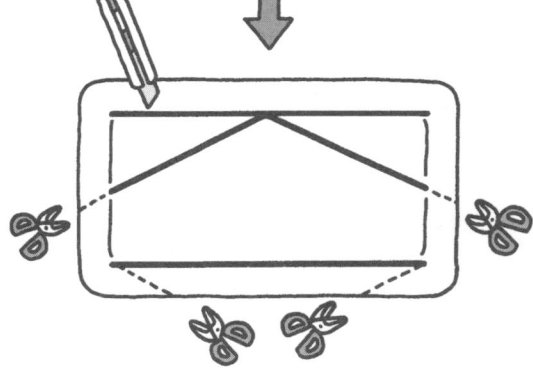

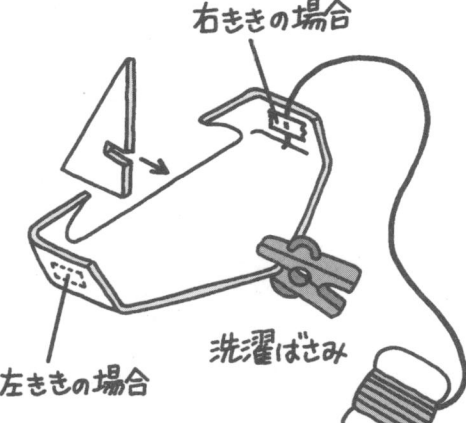

右ききの場合

左ききの場合

洗濯ばさみ

つくり方

①図のように3ヵ所、鉛筆でトレーに穴をあける。
②トレーの裏側から4ヵ所、カッターナイフで切りこみを入れておく。（注：ここまでを下準備しておくとよい）
③図のように飛行機の形に切る。形は自由に。
④残った部分で垂直尾翼をつくり、本体に組みこむ。ぐらぐらするときは、セロハンテープで固定してもよい。
⑤飛行機の先に洗濯ばさみをつける。グライダーの大きさによって、または浮力のある場合は、洗濯ばさみを2個つけるとよい。
⑥右ききか左ききかを考えて、たこ糸をセロハンテープで羽につける。

プロペラをつくってみよう

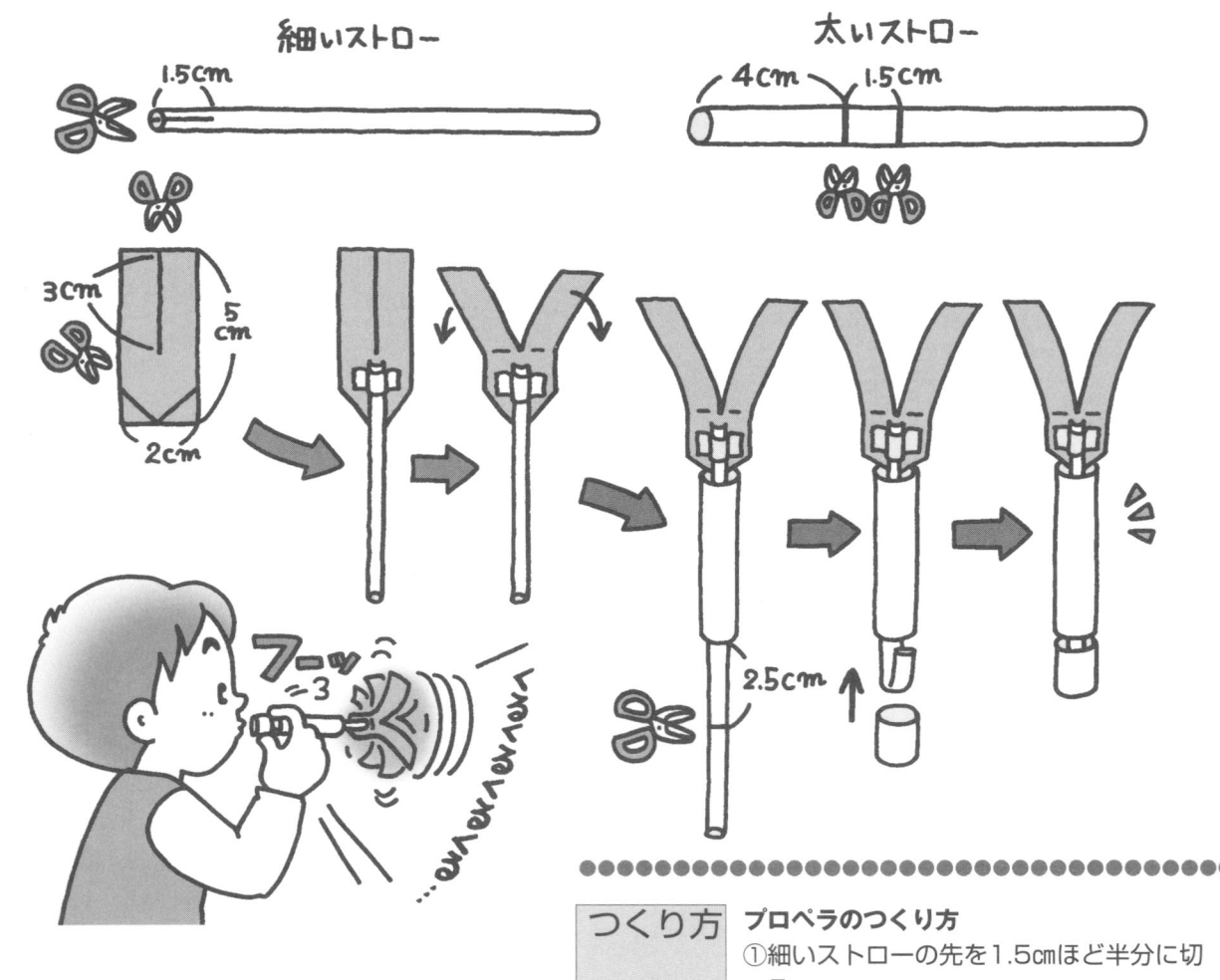

つくり方	**プロペラのつくり方**
	①細いストローの先を1.5cmほど半分に切る。
	②2cm×5cmの色画用紙に、3cmほどの切りこみを入れる。下を2ヵ所、斜めに切る。

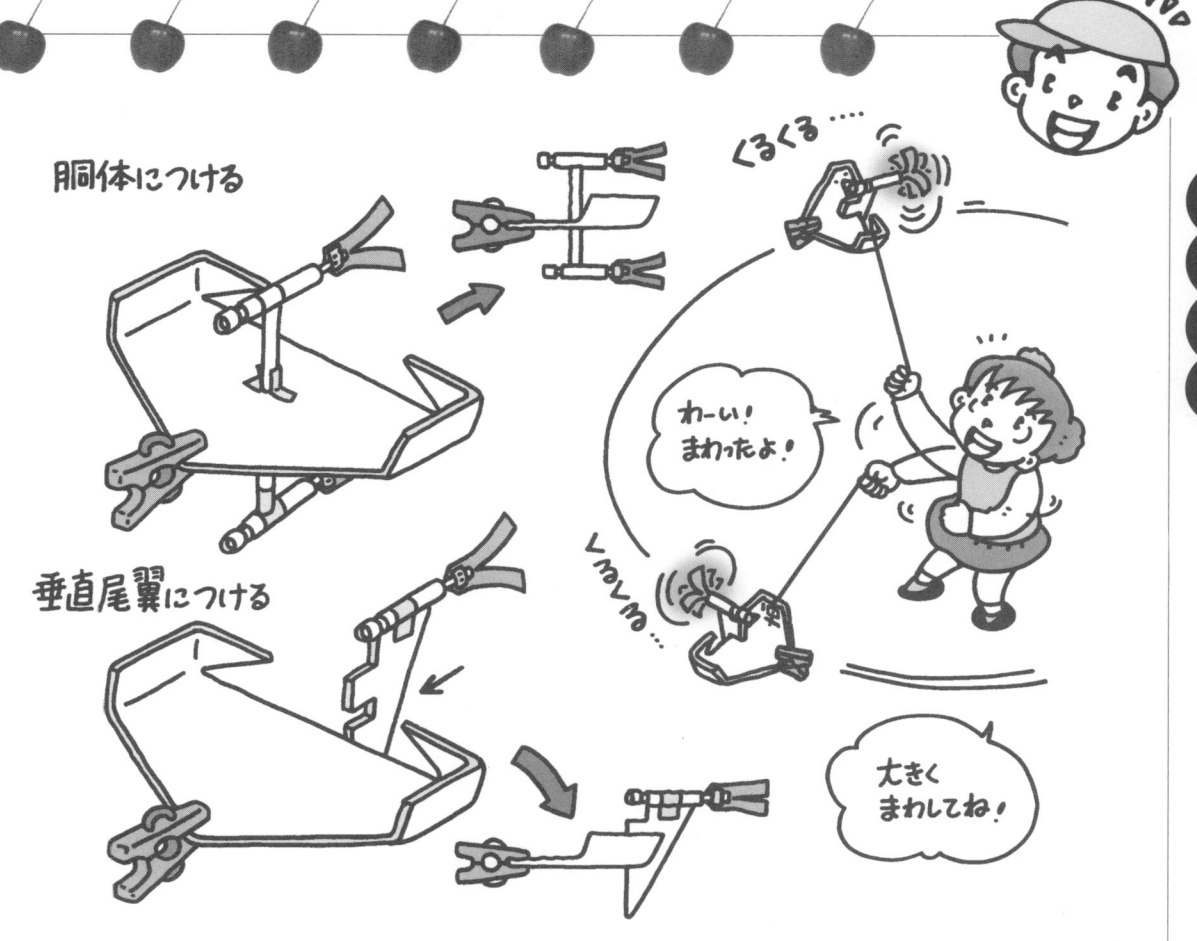

③色画用紙をストローの切りこみに差しこみ、セロハンテープで固定する。（注意：テープがストローの穴をふさいだりつぶしたりしないようにする）
④太いストローを4cmと1.5cmに切る。
⑤4cmの方を細いストローに通して、太いストローより2.5cmくらい長い位置で切る。
⑥細いストローの先をつまんで折り曲げ、1.5cmの太いストローをかぶせて固定する。
⑦羽を左右に折り曲げて（折り曲げすぎない）、太い部分を持って吹いてみる。よく回ればプロペラの完成。グライダーにプロペラをつけてみよう。

ふわふわおりてくる
パラシュートロケット

ちょこっとコラム

子どもの頃、パラシュートを投げると糸がからまってしまい、もっと空中でぱっと広がるパラシュートに憧れたものです。ロケットで打ち上げて遊ぶパラシュートをどうぞ。

遊び方

①パラシュートの中央に割りばしを押しつけるようにして、パラシュートをすぼめる。
②輪ゴムに割りばしを引っかけて（切りこみを入れてもよい）、飲み口から外に押し出し、つかむように持つ。
③空に向け、矢を放つように飛ばす。パラシュートが開いて落ちてくるよ。

【応用】
- ビニールに絵や模様を描いて飛ばそう。
- 割りばしの長さを変えて重さの調節をしよう。
- 石などを重りにして、高く投げて遊ぼう。

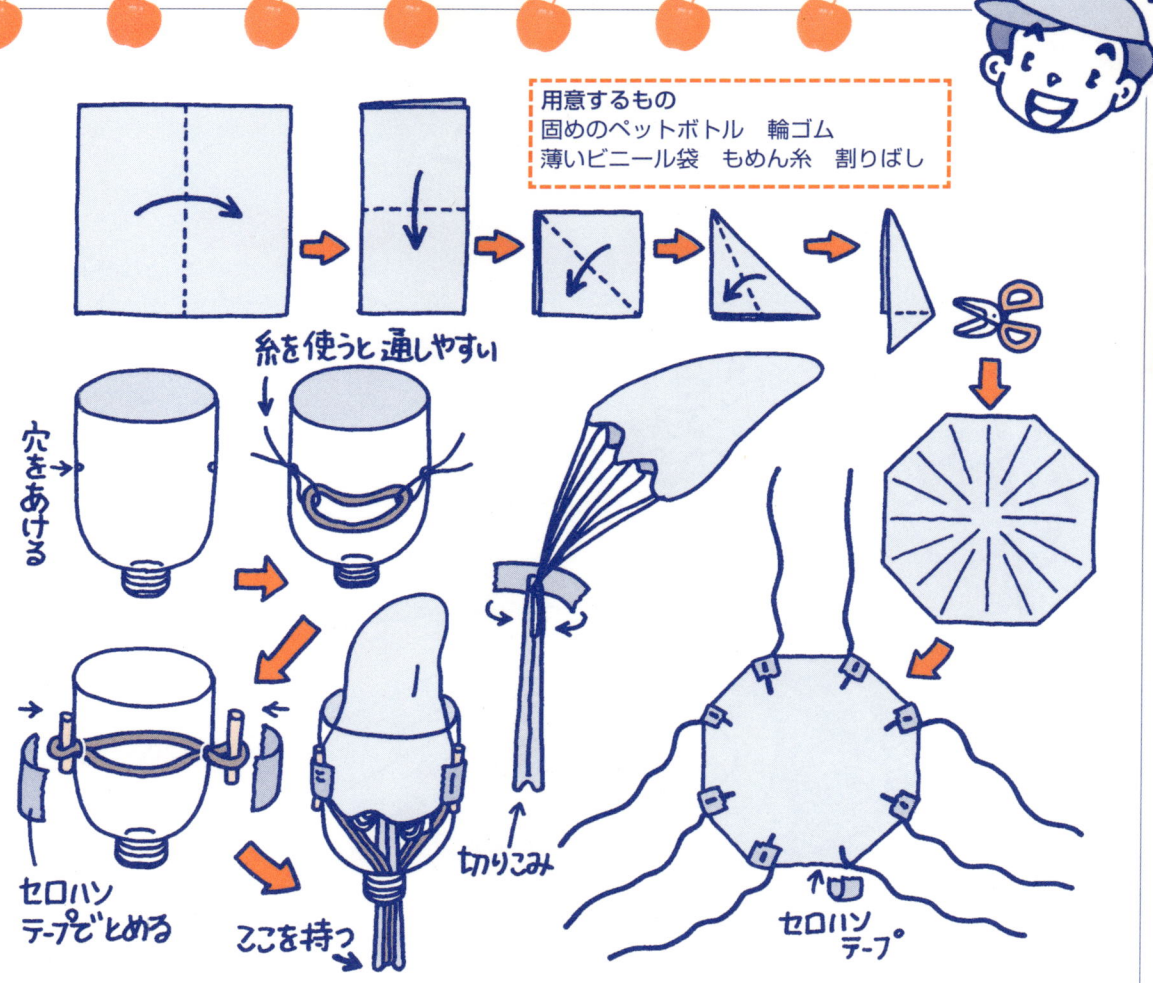

用意するもの
固めのペットボトル　輪ゴム
薄いビニール袋　もめん糸　割りばし

つくり方

① ビニール袋を切り開いて大きめの正方形をつくる。
② 図のように折っていき、端を切って八角形をつくる。
③ 3cmくらいのもめん糸を8本用意し、外に広がるようにセロハンテープで糸をつける。
④ 糸を8本つけたら折りたたみ、糸を束ねて縛る。
⑤ 縛った部分を割りばしに固定する（太い方を下にするとよい。穴に通りにくければ、割って1本だけでもよい）。
⑥ ペットボトルを半分くらいに切る。飲み口と切り口の中間あたりに穴を2ヵ所あける。2つの穴に輪ゴムを通して糸どめで固定する（輪ゴムの長さによっては2本つなぐ）。

サーカスみたい
飛べ！ロケットマン

ちょこっとコラム

子どもの頃、スーパーマンのように空を飛べたら……と憧れました。サーカスで、大砲から人が飛んでいくシーンを見て、これならボクも、と思ったものです。

遊び方
①ロケットマンを筒の前に差しこむように入れる。
②もう1つの容器を筒の後ろから押しこむように入れて、少し隙間をあけておく。
③隙間の部分に口を当て、空に向かって一気に強く吹く。
④ロケットマンが飛んでいくよ。

【応用】
●いろんなキャラクターをつくって遊ぼう。
●的当てや、的抜けなどのゲームをして遊んでみよう。

用意するもの
乳酸菌飲料（ヤクルトなど）の容器
画用紙　割りばし
ティッシュペーパー　ビニール（あれば）

容器が通る幅に巻く

容器は出しておく

わりばし
ティッシュペーパー

少し隙間をあける
押しこむ
ロケットマンを入れる

フッ!!
ビューン!!

◁ ロケットマン ▷

外で遊ぶおもちゃ

つくり方

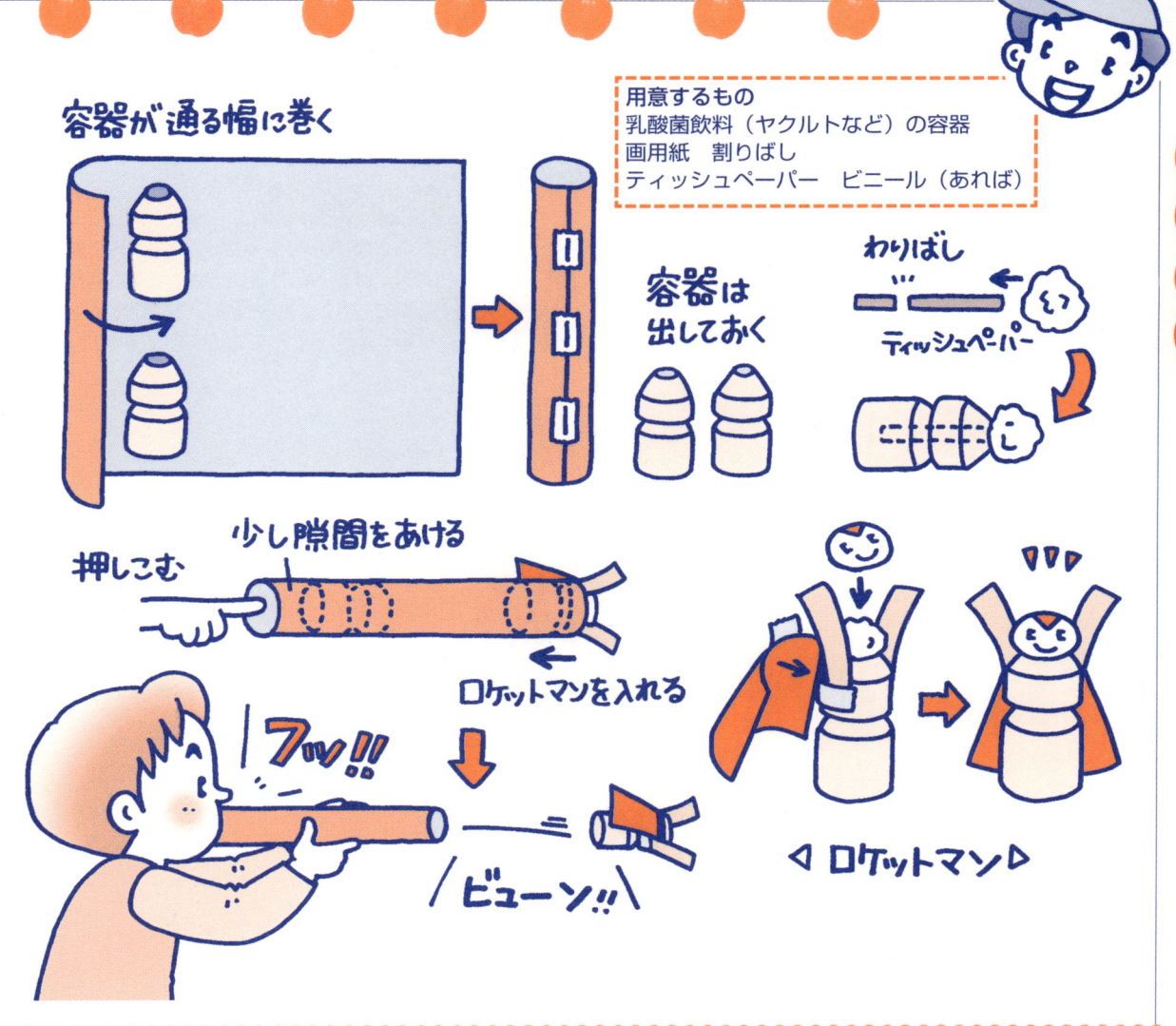

①乳酸菌飲料の容器を2本並べ、それより長い画用紙で巻いて筒をつくる。
②空飛ぶロケットマンをつくる。
　1　割りばしの先にティッシュペーパーを巻きつけ、ビニールで形を整えるように縛る。
　2　乳酸菌飲料の容器の高さに合わせて割りばしを切り、容器に固定する。
　3　画用紙で顔とマントをつくって貼る。

外で思いきり飛ばそう
ロケットくるくる

ちょこっとコラム
プロペラのおもちゃはいろいろあります。室内で遊ぶものが多いですが、広い野原や公園で、思いっきり飛ばして遊びましょう。くるくる回ってとてもきれいですよ。

きれいに まわる、まわる！

あっ、飛んだ！

次は、ぼくも飛ばすよ～！

遊び方
① 羽を持ち、輪ゴムを発射台のずらした割りばしに引っかけて、下に引く。
② 手を離すと、空に上がってくるくる回りながら落ちてくる。

【応用】
● 羽に、きれいな色をつけてみよう。
● 大きさを変えてつくってみよう。

外で遊ぶおもちゃ

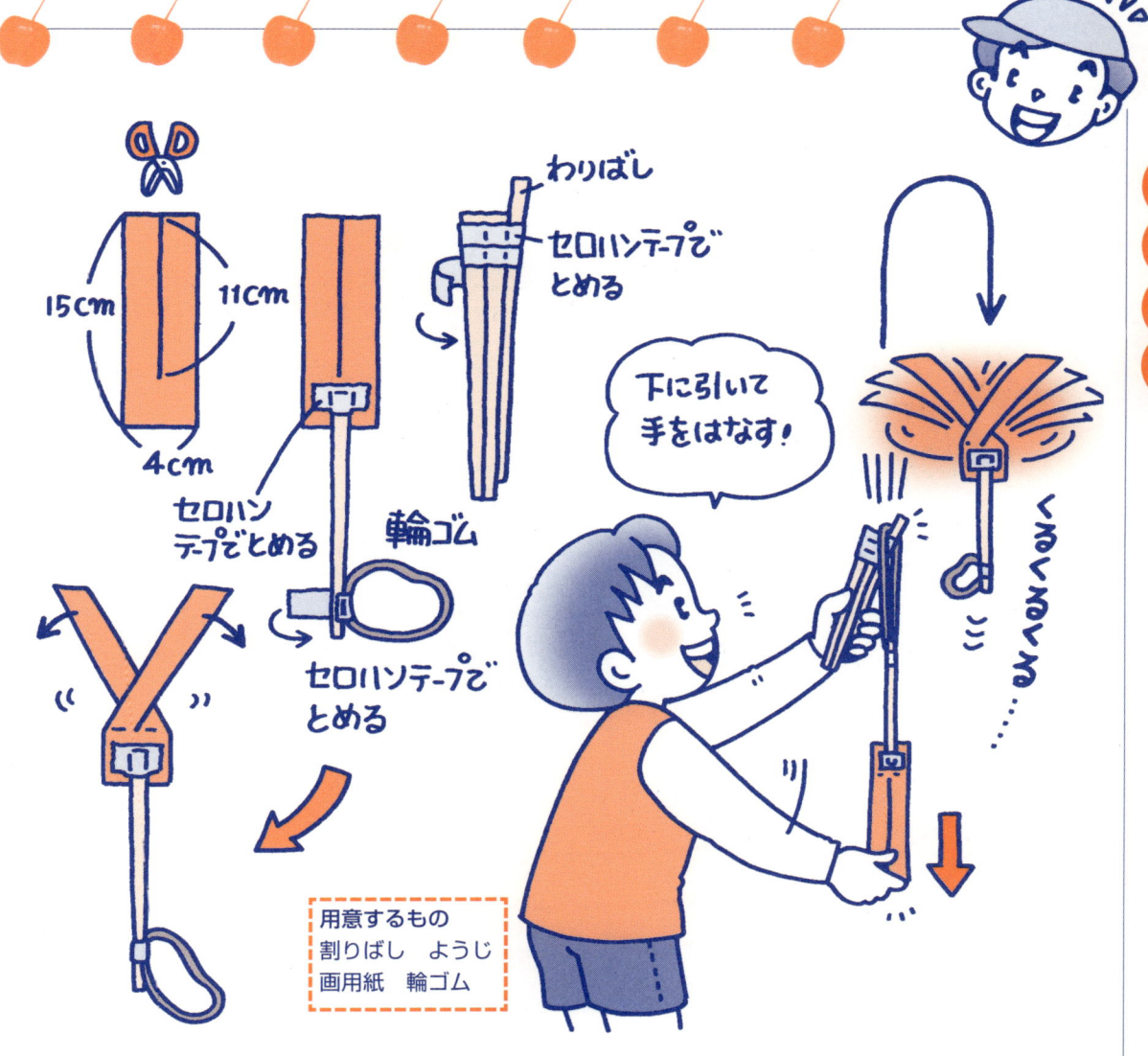

下に引いて手をはなす！

わりばし
セロハンテープでとめる
15cm　11cm
4cm
セロハンテープでとめる
輪ゴム
セロハンテープでとめる

用意するもの
割りばし　ようじ
画用紙　輪ゴム

つくり方

①画用紙を4cm×15cmに切り、11cmくらい切りこみを入れる。
②割りばし1本を画用紙の切りこみの下に貼りつける。
③画用紙の切りこみを羽を開くように折り、落とすと回るか確かめる。これが羽になる。
④割りばしの先に輪ゴムをつける。
⑤割りばし1膳の横に、割りばし1本を少しずらしてセロハンテープで固定する。これが発射台になる。

お風呂で、プールで
むくむくくんとふわふわくん

わたしは
ふわふわくん
うかべるよ！

わ〜！
むくむくだ！

ちょこっとコラム
子どもたちは、まずお風呂で泳ぐ練習を始めますね。むくむくくんもふわふわくんも、水と仲よくなるおもちゃです。子どもといっしょにお風呂で遊びましょう。

遊び方

【むくむくくん】
- お風呂で沈めてみよう。むくむくっと起きてくるよ。
- 袋が長ければ顔をお湯につけないと沈められません。泳ぐ練習のために、意識して袋を長くするのもいいですね。

【ふわふわくん】
- お風呂やプールに浮かべて遊ぼう。
- 容器が沈まない程度に石を重くするとおもしろい。バランスを考えてやってみよう。

水で楽しむおもちゃ

むくむくくん

ふわふわくん

石　ビニールテープ

2個つなげてもいい

むくむく…

へなへな…

用意するもの
【むくむくくん】
紙コップ　ビニールの傘袋
【ふわふわくん】
ヨーグルト容器　石などの重り
画用紙　ビニール袋

つくり方

【むくむくくん】
● 紙コップの底を抜き、傘袋をかぶせてビニールテープで貼る。傘袋の長さは子どもに合わせて調節しよう。

【ふわふわくん】
① ヨーグルト容器の底に石などの重りをビニールテープで固定する。どのくらい沈めるかによって重りの重さを変えよう。
② 画用紙に絵（子どもや動物など）を描いて容器のふちに貼る。
③ 容器をビニールテープで2個つなげてつくってもよい。

あっという間にできる
かんたん帆かけ舟

ちょこっとコラム

子どもの頃、父が田んぼの様子を見に行くときによくついていきました。帰りに川で笹舟や草花を流し、競争しながら帰ったことを今でも懐かしく思い出します。

| 遊び方 | プールや池などに浮かべて、うちわであおいで走らせよう。 |

【応用】
- いろんな材料で船をつくってみよう。
- 笹があったら笹舟をつくってみよう。

水で楽しむおもちゃ

カットする

カットする

ホッチキスなどでとめる

用意するもの
牛乳パック
うちわ

笹舟をつくってみよう

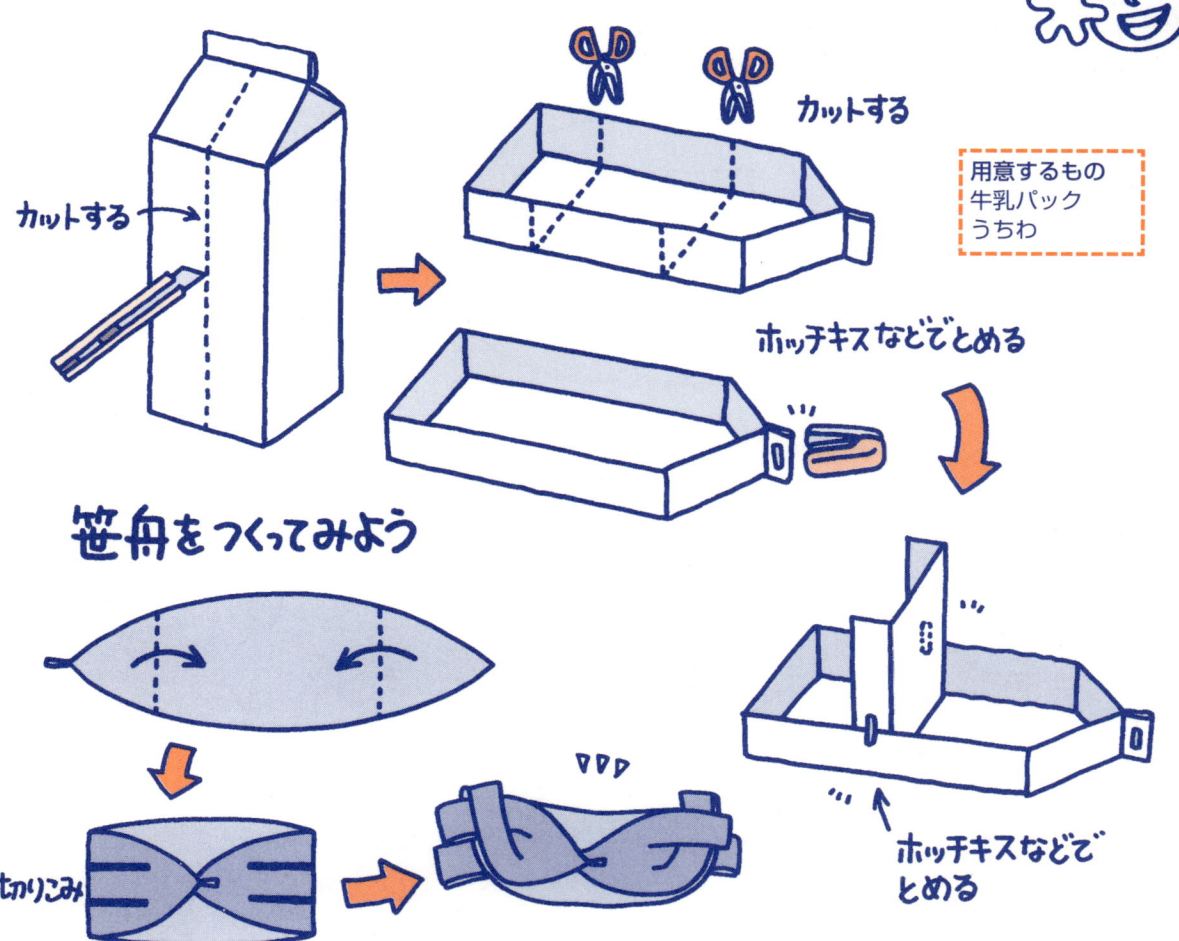

切りこみ

ホッチキスなどでとめる

つくり方

①牛乳パックを縦半分に切る。
②口の部分が開いていたら、ホッチキスやビニールテープでとじる。
③図のように、牛乳パックの上下を切りとって帆をつくる。
④帆を船の部分と組み合わせて固定する。

41

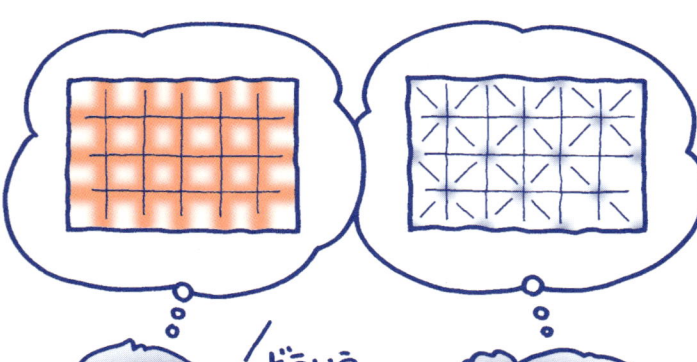

どんな模様に染まるかな
紙染めで遊ぼう

ちょこっとコラム

天気のいい日に、染めた紙を乾かして、きれいな模様の紙をつくりましょう。その和紙（千代紙）を使って、いろんなものをつくってみましょう。どんなものができるかな？

どういう模様にしようかな…？

いろいろくふうしてね！

遊び方　紙染めの和紙で
いろんなものをつくってみよう
人形　筆立て　飾り箱（P.44参照）
- 折り紙にして遊ぼう。
- 千代紙にして、和紙の人形をつくろう。
- 箱に貼ったり、空き缶に貼って筆立てにしてみよう。
- 和だこをつくってみよう（P.45参照）

水で楽しむおもちゃ

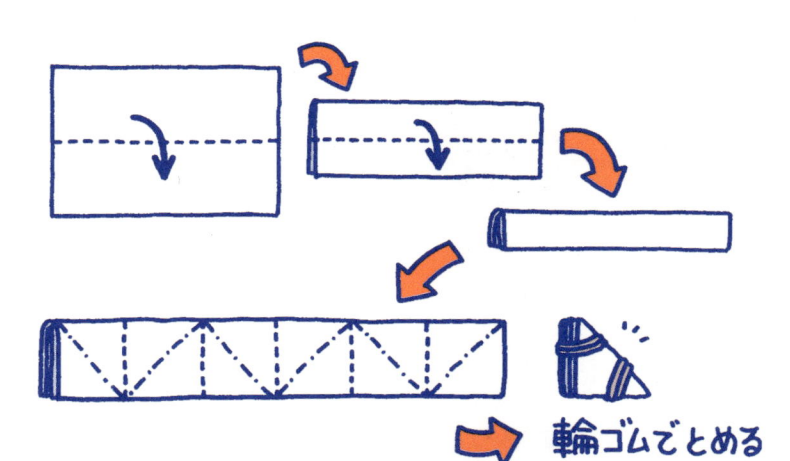

用意するもの
半紙
輪ゴム
絵の具
絵の具皿

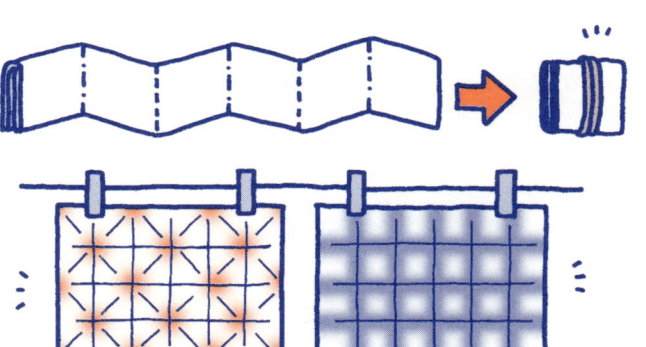

輪ゴムでとめる

水　絵の具

つくり方
①紙を横長に2回折る。
②端からびょうぶ折りにしていく。3角形・4角形で模様が変わるので両方試してみよう。
③最後まで折ったら輪ゴムでとめておく。

【染め方】
④絵の具を数種類、絵の具皿に濃いめに溶く。
⑤紙をまっすぐに立てて色水につける。
⑥色をつけ終わったら広げて乾かす。

いろんなものをつくってみよう

◁筆立て▷
空き缶に貼る

◁人形▷
毛糸

◁飾り箱▷
箱に貼る

空き缶に貼ってみたの！

すてき！ペン立てね！

和だこをつくってみよう

お気に入りの模様でつくってみてね！

24cm
36cmの竹ひご
34cmの竹ひご
2cm
1m

わ～い！とんだ～！

水で楽しむおもちゃ

つくり方

①24cm×24cmの和紙の対角線上に、34cmの竹ひごを木工用ボンドで貼る。
②36cmの竹ひごを曲げて、弓状にする。
③四隅に補強用の和紙を貼る。
④下の部分にしっぽを貼る。
⑤竹ひごのクロス部分にたこ糸をつける。

用意するもの
竹ひご……1.8mm×34cmを1本（縦骨）
　　　　　1.8mm×36cmを1本（横骨）
和紙や障子紙……24cm×24cmを1枚（本体）
　　　　　　　　3cm×3cmを4枚（補強用）
紙テープか和紙……2cm×1mを1本（しっぽ）
たこ糸

濡れても楽しいぞ
水でっぽうをつくろう

ちょこっとコラム

私が子どもの頃は竹林がたくさんあって、竹がいくらでも使えました。いろんな手の込んだものもつくれましたが、今は竹がなかなか手に入りません。代用品でつくりましょう。

遊び方
① ふたの穴を指で押さえて、ペットボトルに水を入れる。
② ラップの芯（タオルを巻いた方）をペットボトルに差しこむ。
③ 穴を押さえていた指を離して、ラップの芯を強く押すと水が飛び出すよ。

【応用】
● ストローから水が飛び出す水でっぽうもつくってみよう。

用意するもの
炭酸飲料のペットボトル（500ml）　ラップ　ラップの芯　古タオル
麻やビニールのひも　ビー玉　先の曲がるストロー　洗面器やバケツ

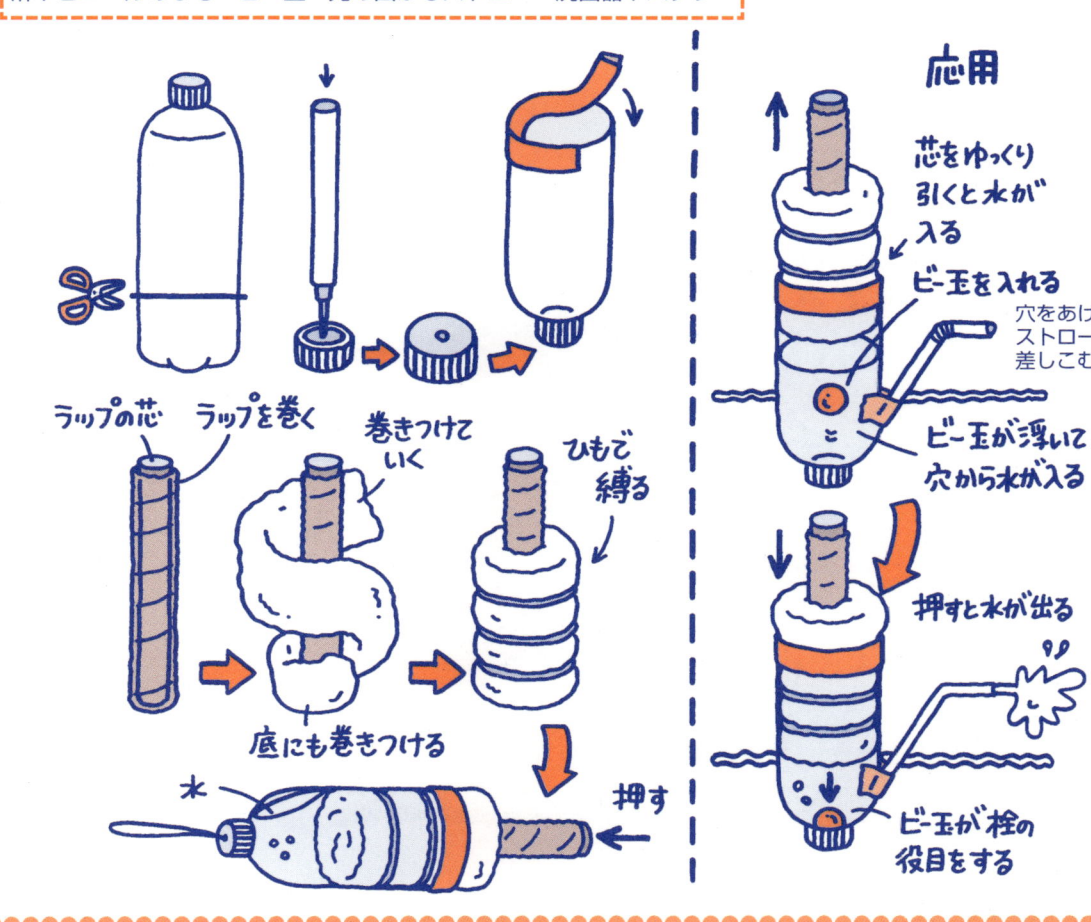

水で楽しむおもちゃ

応用

芯をゆっくり引くと水が入る

ビー玉を入れる

穴をあけてストローを差しこむ

ビー玉が浮いて穴から水が入る

押すと水が出る

ビー玉が栓の役目をする

ラップの芯　ラップを巻く　巻きつけていく　ひもで縛る　底にも巻きつける　押す

つくり方

① ペットボトルの底に近い部分を切る。切り口で怪我をしないように、ビニールテープを切り口に貼るとよい。
② 千枚通しや釘を熱して、ふたの中央に穴をあける。
③ ラップの芯に水がしみないように、芯にラップを巻きつける。
④ 芯の先にタオルの端をかぶせ、芯にタオルをぐるぐる巻く。ペットボトルの太さより太めに巻いてひもで固く縛り、中にぎゅうぎゅうに入る大きさにする。
⑤ ペットボトルにラップの芯（タオルを巻いた方）を差しこむ。

家族みんなが登場
おひなさまカード

おひなさまを
つくったよ！

わたしも
つくったよ～！

ちょこっとコラム
子どもたちはきれいなカードが好きです。家族の写真や子どもの絵を使ってひな壇を飾り、家族のおひなさまをつくりましょう。いい記念になりますよ。

遊び方　テーブルや棚に飾って楽しみましょう。

【応用】
●家族の人数が多ければ、3段でつくってみよう。

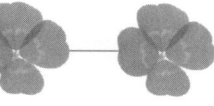

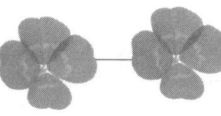

飾って楽しむおもちゃ

用意するもの
家族写真（できれば人物が同じ大きさのもの）
色画用紙や色紙

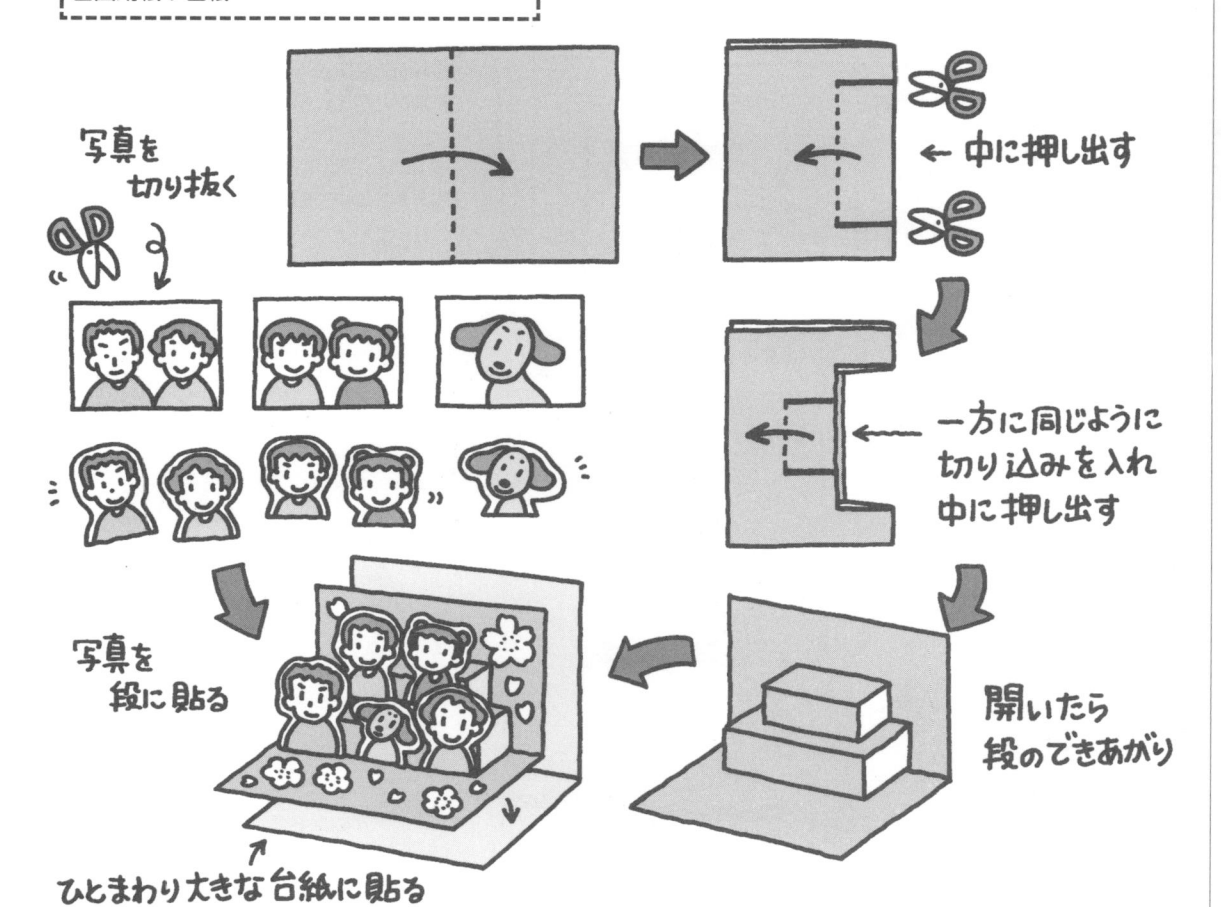

写真を切り抜く

← 中に押し出す

一方に同じように切り込みを入れ中に押し出す

開いたら段のできあがり

写真を段に貼る

ひとまわり大きな台紙に貼る

つくり方

【例】家族4人とペット
①写真を切り抜く。
②写真の大きさに合わせてひな壇のカードをつくる（目安はハガキ2枚大）。画用紙を半分に切る。図のように切りこみを入れて折っていく。開くとひな壇のできあがり。
③写真をひな壇に貼り、いろんな飾りをつける。
④ひとまわり大きい台紙に、折り目を合わせて貼る。

光が差しこむときれい
ステンドグラス

ちょこっとコラム

教会などに行かなくても簡単に楽しめるステンドグラスのアートです。壁面に飾ってもいいし、障子や窓に飾って、お茶会をするのもいいですね。

「きれいだね〜！」

「教会みたい…」

| 遊び方 | 窓や障子枠の中に飾りましょう。 |

【応用】
●お話の場面などを大きくつくってみよう。

用意するもの
下絵用の紙　黒い色画用紙
カラーセロハン

切り抜くところを黒く塗る

切り抜く

裏から色セロハンを貼る

キレイ！

黒い紙

飾って楽しむおもちゃ

| つくり方 | ①切り抜くことを考えて、ステンドグラスのデザインや下絵を描く。
②切り抜く個所を黒いサインペンで塗りつぶす。
（注意：残るところがつながっているかを確認しておく。下絵を鉛筆で描き、消してみるとよくわかる） | ③黒い色画用紙と重ね、2枚いっしょにカッターナイフで黒い部分を切り抜く。
④切り抜いた黒い色画用紙の裏から、色のバランスを考えてセロハンを貼る。
（注：黒い部分からはみ出さないように貼る。意識的にはみ出させるのはよい）
⑤枠をカッターナイフできれいに切る。 |

応用いろいろ
紙ビーズのネックレスとのれん

ちょこっとコラム

チラシを無駄にしないで、紙のビーズをつくりましょう。学校から帰ってきた子どもたちと、いろんなものをたくさんつくってみましょう。

遊び方 のれんを部屋の入り口などに吊り下げよう。
ネックレスをおばあちゃんやお母さんにプレゼントしよう。

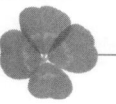

用意するもの
チラシ　綿棒　針　角材
糸（ネックレスならもめん糸、のれんならたこ糸がよい）

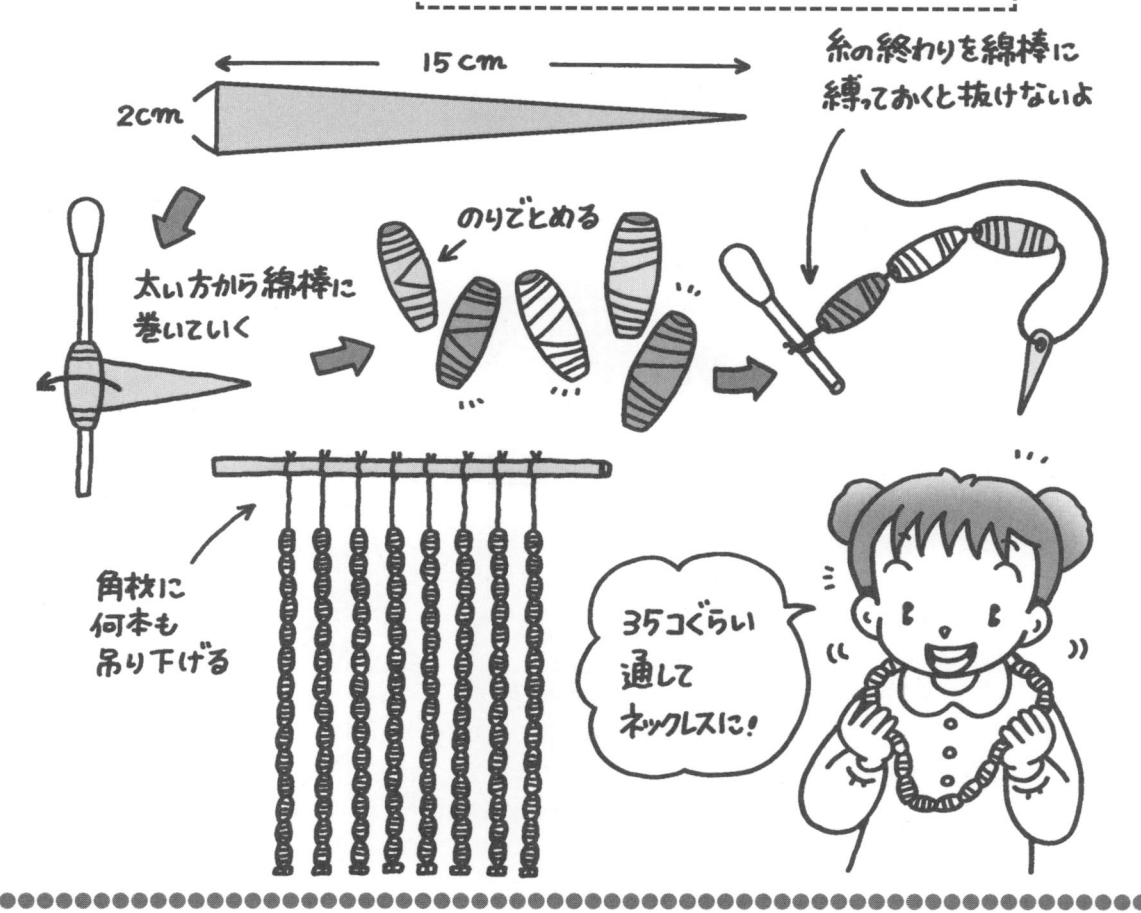

15cm
2cm

太い方から綿棒に巻いていく

のりでとめる

糸の終わりを綿棒に縛っておくと抜けないよ

角材に何本も吊り下げる

35コくらい通してネックレスに！

つくり方

【ネックレス】
①チラシを図のように切る。
②太い方から綿棒に巻いていく。
③巻き終わりはのりでとめる。
④ビーズがたまったら、70cmくらいのもめん糸に通す。
⑤35個くらい通して、輪にすればできあがり。

【のれん】
①〜③まで同じ。
④ビーズがたまったらたこ糸に通す。長さをそろえて何本もつくる。
⑤角材に何本も吊り下げてのれんにする。

飾って楽しむおもちゃ

魚がゆらゆら揺れる
ペットボトルの水槽

おとうさんはここに飾るよ！

ぼくは かに！

わたしは お花！

ちょこっとコラム

子どもたちは生きものを飼うのが大好きです。かといって世話のことを考えると大変ですね。オリジナルの魚や水中花を浮かべて水槽をつくってみましょう。

| 遊び方 | 明るい場所に置いて飾ろう。ゆらゆら揺れてかわいいよ。 |

【応用】
●スチロールトレーで魚をつくり、水槽などに沈めてみよう。

飾って楽しむおもちゃ

用意するもの
透明のビニール袋（厚めのものがよい）
またはイチゴなどが入った透明のプラスチック容器
釣り糸　釘（錆びないものがよい）
丸いペットボトル
紙コップ2個（大きさはペットボトルに合わせる）

透明のプラスチック

厚めのビニール袋

ペットボトル2/3の長さ

釘に縛る

ユラユラ

←好きな模様を描くとかわいい！

つくり方

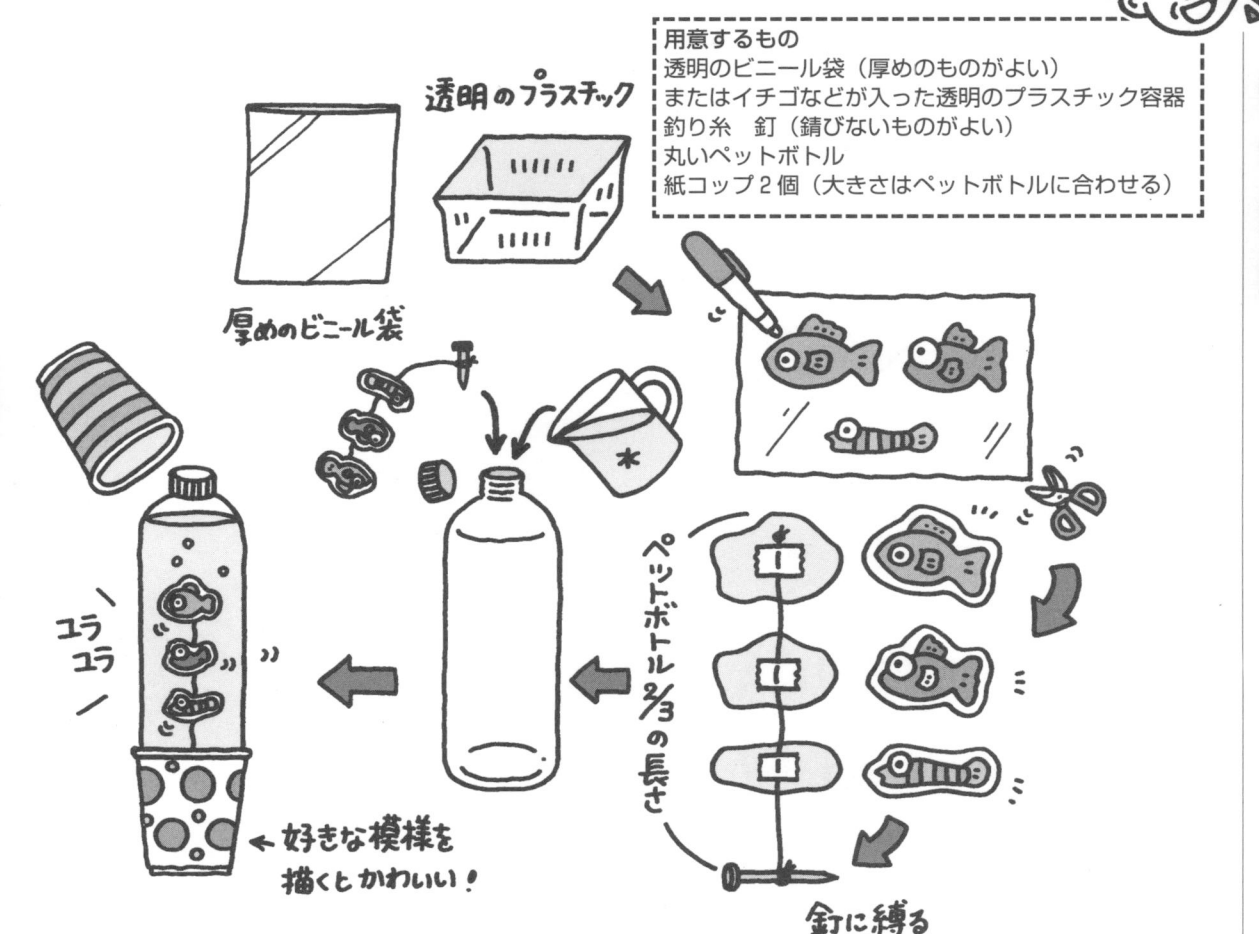

①ビニール袋かプラスチックに、油性ペンで魚や花の絵を描く。（注：大きさは、ペットボトルの口から入る大きさにする）
②釣り糸をペットボトルの3分の2くらいの長さに切る。
③一方の端に釘を縛る。
④糸にバランスよく魚を貼りつける。花なら黒い糸にして葉もつけるとよい。
⑤ペットボトルに水を入れ、魚（花）を水の中に沈めてふたをする。
⑥ペットボトルの上下に紙コップをかぶせる。紙コップにはきれいな絵や模様を描くとよい。

遊びにも洋服かけにも使える

お面をつくろう

ちょこっとコラム

立体感のあるお面を、子どもといっしょにつくりましょう。幼児からつくれます。ハンガーといっしょに飾るなど、壁かけとしても素敵ですよ。

ぼくもできたよ！

わたしのお面もかざって！

おじいさんそっくり！

| 遊び方 | ハンガーを壁や柱などに飾ろう。 |

【応用】
- あらかじめ絵の具を溶かした洗面器に障子紙を浸け、固く絞って乾かしておくと、顔の色は塗らなくてよくなる。
- 紙などを貼り合わせて、立体感のある顔をつくってもよい。

飾って楽しむおもちゃ

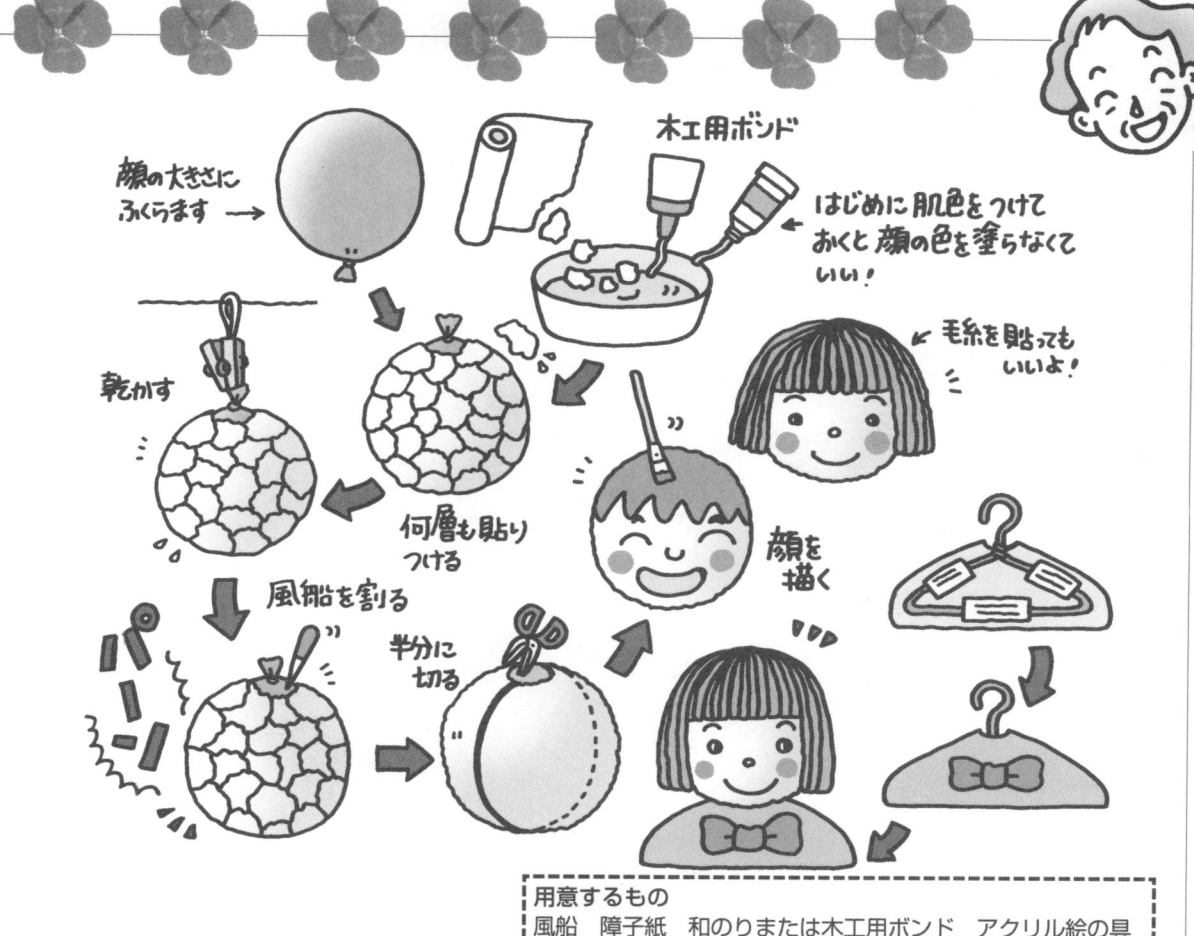

用意するもの
風船　障子紙　和のりまたは木工用ボンド　アクリル絵の具
針金ハンガー　包装紙や色画用紙　あれば毛糸

つくり方
①風船を顔の大きさ程度にふくらませて口を縛る。
②水を張った洗面器に、和のりまたはボンドを入れて、濃い目によく溶かしておく。
③障子紙を適当な大きさにちぎり、のりに浸して絞ってから風船に貼りつけていく（何重にも貼る）。
④形が整ったら、縛った所を吊り下げて乾かす。
⑤この間に、針金ハンガー・包装紙・画用紙で体（針金ハンガーの範囲）をつくる。ネクタイやリボンなどもつけてみよう。
⑥風船が乾いたら、風船に針などを刺して割る（風船はしぼんではがれる）。
⑦穴からはさみを入れて半分に切る（お面が2つできる）。
⑧色を塗って顔を描く。髪は毛糸を貼ってもよい。
⑨乾いてから針金ハンガーに固定する。

57

やさしい光にうっとり
ランプ

ちょこっとコラム

足の踏み場もない部屋で暮らしているボクは、何もない部屋、おしゃれなランプだけがあるような部屋に憧れています。そんな部屋に置けるランプをつくりましょう。

おとうさんがつくったんだぞ～！

ぼくも手伝ったよ！

すてき～！

おおお～！きれいだね！

ほんとうに！

遊び方 暗い部屋に置き、中に懐中電灯（豆電球）を入れて明かりをつけてみよう。

【応用】
- 障子紙を貼るとき、形をつけた紙（新聞紙・折り紙・包装紙・落ち葉）を途中にはさんでみよう。
- 明るすぎるようなら、紙をかぶせるかセロハンを貼るなどして光を調節しよう。

飾って楽しむおもちゃ

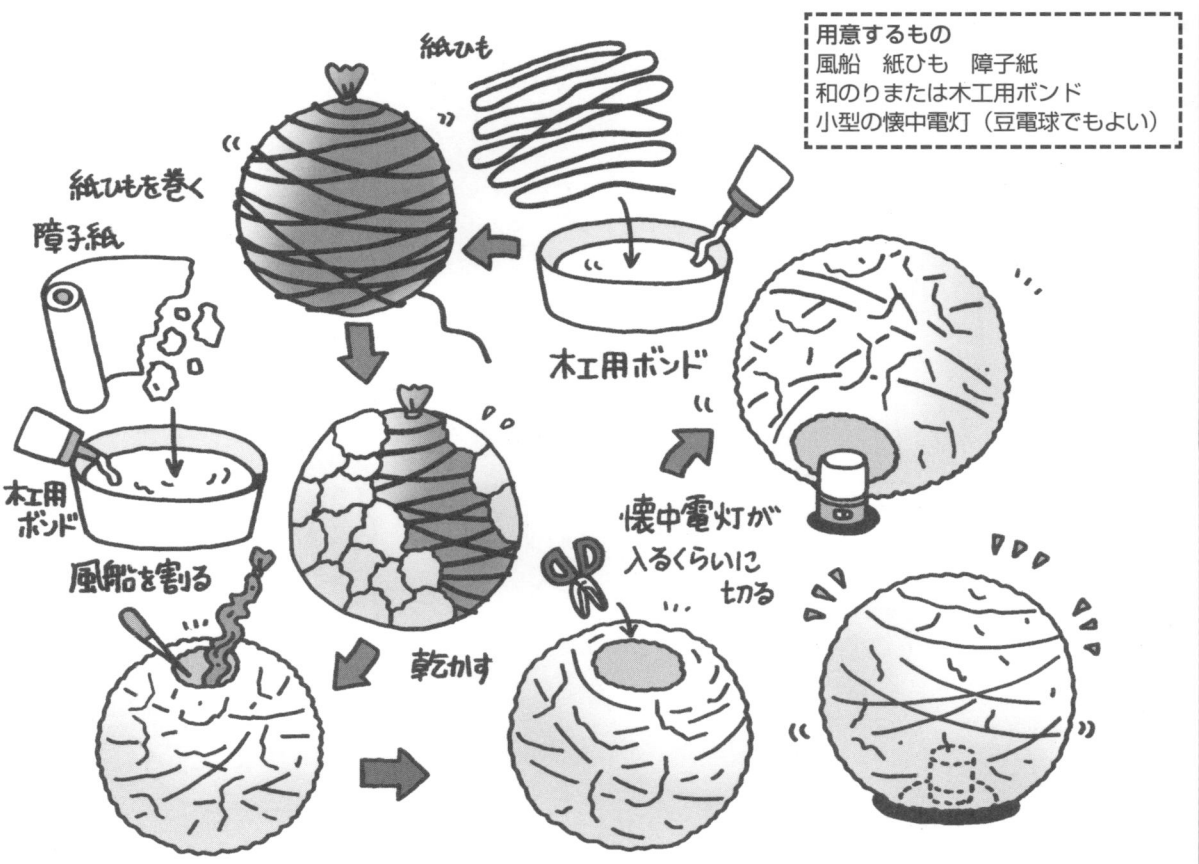

用意するもの
風船　紙ひも　障子紙
和のりまたは木工用ボンド
小型の懐中電灯（豆電球でもよい）

紙ひも
紙ひもを巻く
障子紙
木工用ボンド
木工用ボンド
風船を割る
乾かす
懐中電灯が入るくらいに切る

つくり方	①風船をふくらませる。 ②水を張った洗面器に、和のりまたはボンドを入れて、濃い目によく溶かしておく。 ③紙ひもをのりに浸してから、風船に巻きつけて貼る。和紙の間にひもを巻くとか、バランスやデザインを考えて巻こう。 ④障子紙を適当な大きさにちぎり、のりに浸して絞る。	⑤ひもを巻いた風船に障子紙をきれいに貼りつけていく（何重にも貼る）。 ⑥形が整ったら、縛った所を吊り下げて乾かす。 ⑦乾いたら、針などを刺して風船を割る。風船は取り出す。 ⑧懐中電灯（豆電球）が入るように、ボールの口を丸く切りとる。

59

お父さんはっけ〜ん
潜望鏡

おとうさん大人気ね！

おとうさんみえた〜！

ちょこっとコラム

探偵ごっこをして遊んだことのあるお父さんやおじいさんなら、潜望鏡でたくさん遊べるでしょう。昔のガキ大将になって、子どもたちをリードして楽しんでください。

遊び方 のぞき窓からのぞいてみよう。高いところを見たり、後ろを見たりして遊ぼう。どのように見えるかな。

【応用】
●牛乳パックをつないで長くしてみよう。

用意するもの
1リットルの牛乳パック3本
ミラーシート（アクリルミラー）6.5cm×9.5cmを2枚
※ミラーシート（アクリルミラー）は工作材料取扱店などで手に入ります

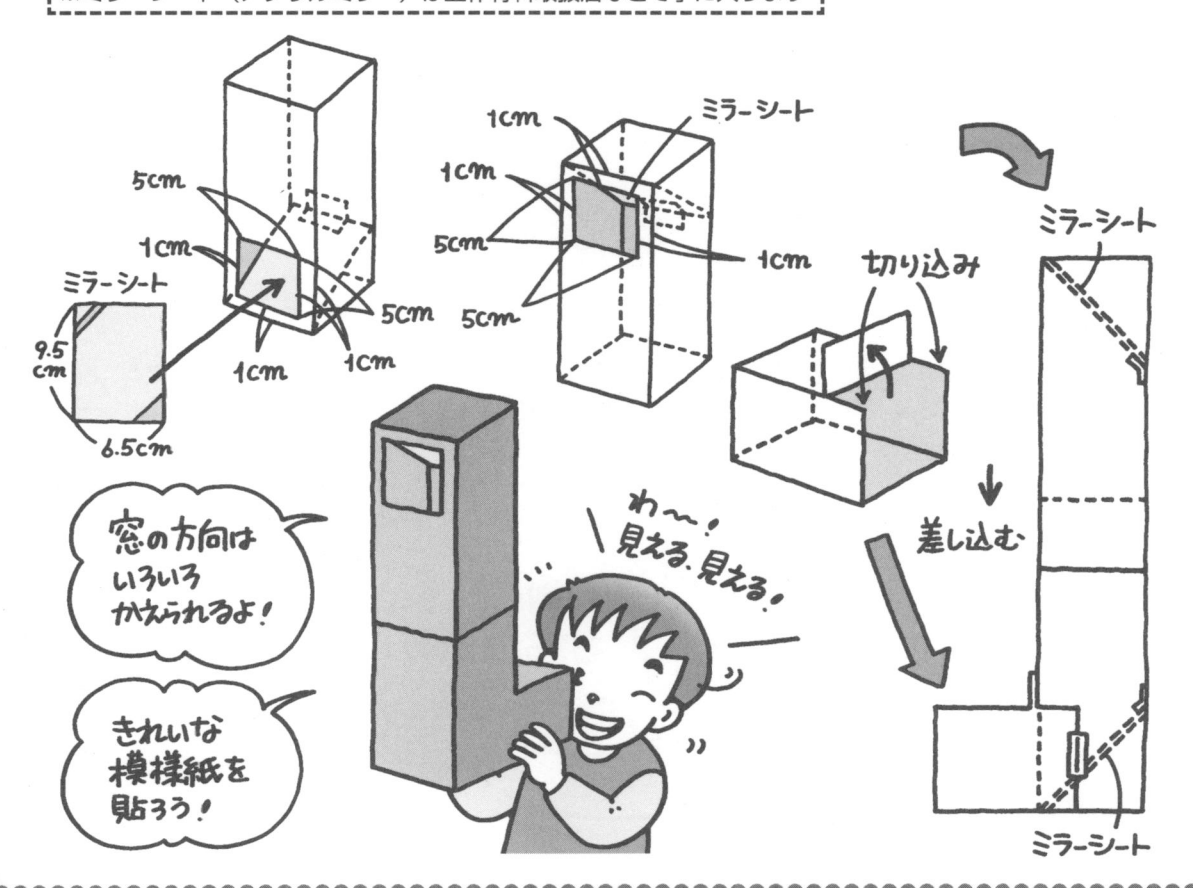

昔ながらのおもちゃ

窓の方向はいろいろかえられるよ！

きれいな模様紙を貼ろう！

わ〜！見える、見える！

つくり方

①牛乳パックの上部分を切りとり、図のように切り抜く。これを2個つくる。
②①であけた窓の奥に、ミラーシートを斜め45度にセロハンテープで貼る。これを2個つくる。
③切り口どうしを重ねて、2個の牛乳パックを組み合わせる（窓の向きは見たい方向によって決める）。
④もう1個の牛乳パックを図のように輪切りにし、③に固定する。これがのぞき穴になる。
⑤まわりに模様紙を貼ってきれいに飾ろう。

見えると大よろこび！
針穴写真機 (ピンホールカメラ)

ちょこっとコラム

小さな穴から外の景色が見える、というのは、仕組みがわかった今でも不思議です。子どもたちと、針の穴から見える景色を楽しみましょう。

はやく、おかあさんも見たいわ！

わ～！見えた！

さかさまだ～！

内側の筒をひいて調節してごらん！

見えないよ～！

遊び方　箱をのぞいて、内側の枠（牛乳パック）を引きながら、トレーシングペーパーに景色が写るように調節しよう。明るい部分との境めあたりを見ると見やすいよ。

【応用】
● 牛乳パックの代わりにトイレットペーパーの芯を使って、丸いピンホールカメラをつくってみよう。

昔ながらのおもちゃ

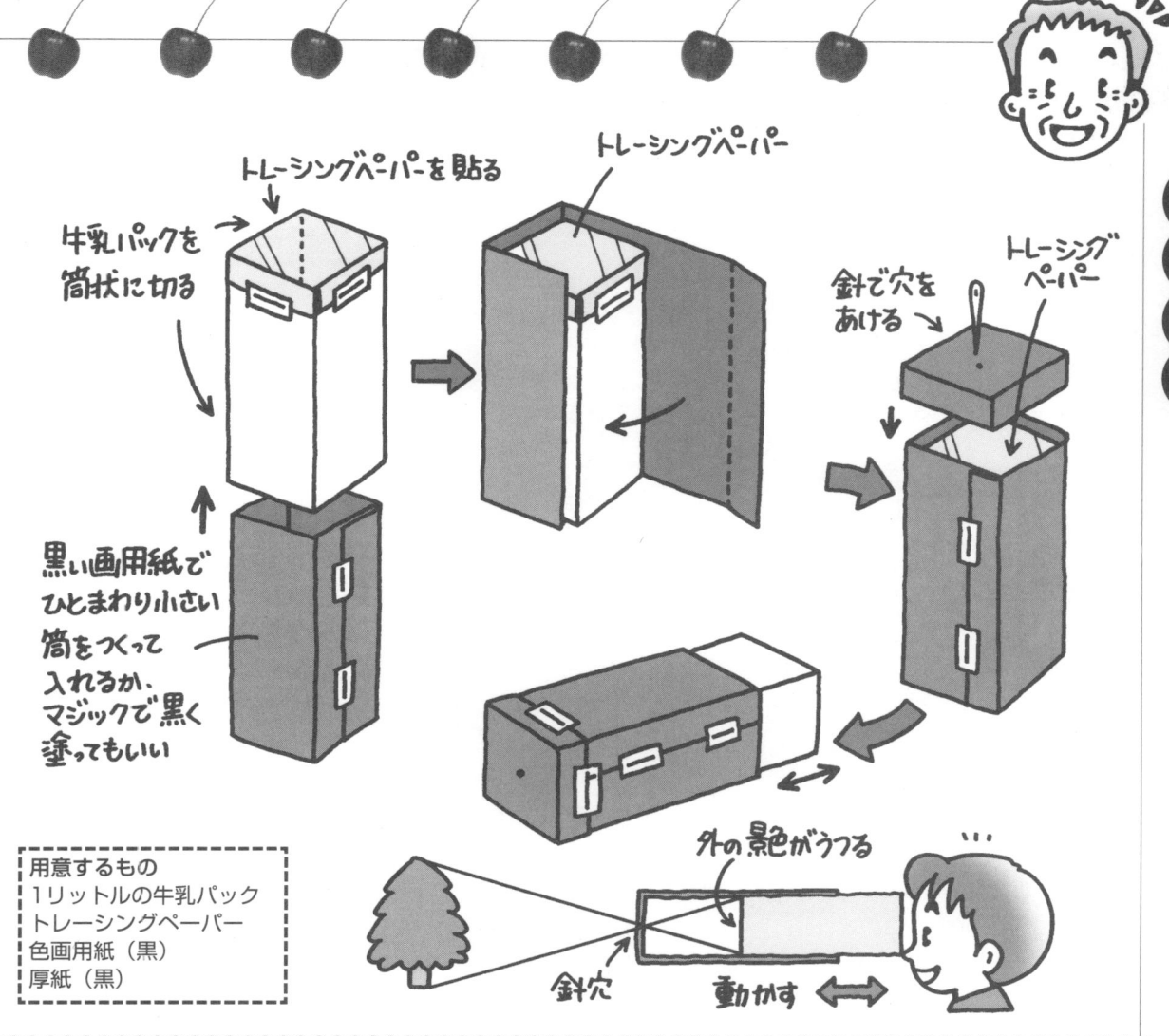

トレーシングペーパーを貼る
トレーシングペーパー
牛乳パックを筒状に切る
針で穴をあける
トレーシングペーパー

黒い画用紙でひとまわり小さい筒をつくって入れるか、マジックで黒く塗ってもいい

用意するもの
1リットルの牛乳パック
トレーシングペーパー
色画用紙（黒）
厚紙（黒）

外の景色がうつる
針穴
動かす

つくり方

① 牛乳パックの上の部分と底を切りとって筒状にする。
② 切りとった片方にトレーシングペーパーを貼る。
③ 黒い画用紙で牛乳パックより一回り小さい筒をつくり、牛乳パックの内側に入れる。
④ 黒い厚紙で牛乳パックを包む。
⑤ 黒い厚紙でふたをつくり、まん中に針ほどの穴をあける。
⑥ ふたを牛乳パックに貼る（トレーシングペーパーを貼った側）。
⑦ 牛乳パックがうまくスライドするか確かめる。

63

竹馬がないときは
缶ぽっくりで遊ぼう

ちょこっとコラム

竹馬がうまくできないときは、空き缶でつくったぽっくりで遊んだものです。少し背が高くなるだけでずいぶん世界が違って見えて、うれしくなった思い出があります。

おっとっと…

ポックリポックリ…

わ～い！ぼくのほうがはやいよ～！

わたしにもつくってね～！

遊び方	【ひも1本の場合】 両手でひもを持つ。足の親指と人さし指でひもをはさみ、下駄（ぽっくり）のようにはいて歩く。ポックリポックリいい音がするよ。 【ひも2本の場合】 1本ずつひもを持つ。ひもとひもの間に足を乗せて歩く。

【応用】●いろんな形や大きさの缶でつくってみよう。

ひも1本の場合

用意するもの
同じサイズの空き缶2個
（硬いスチール缶がよい）
太目のひも

ひも2本の場合

おじいちゃんじょうずだね！

おっほん！

昔ながらのおもちゃ

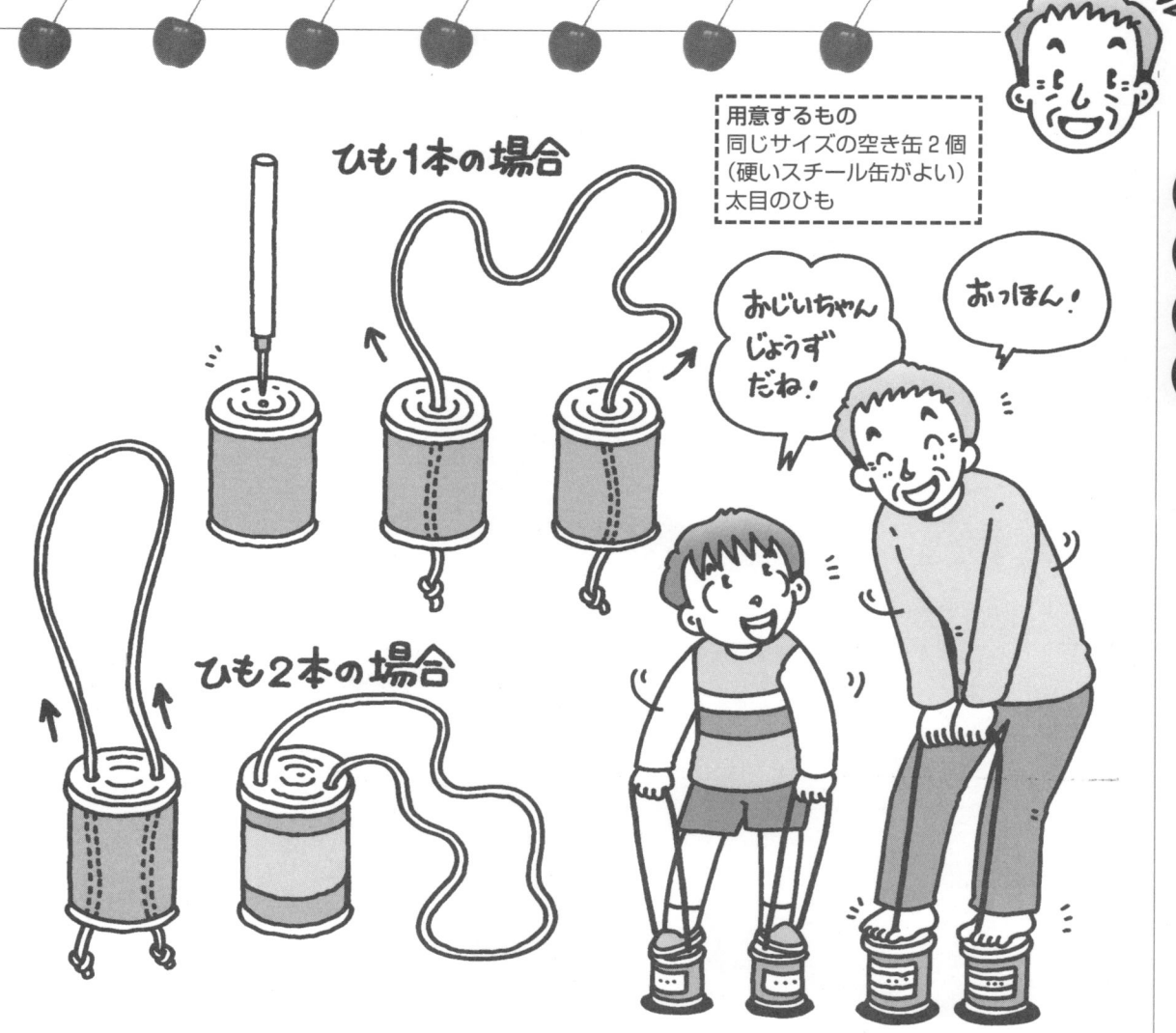

つくり方

【ひも1本の場合】
①空き缶の切り口を危なくないようにきれいにする。
②缶の中央に釘で穴をあける。
③缶の穴にひもを通し、抜けないように端を団子に結ぶ。
④ひもの反対側をもう一つの缶に通し、端を団子に結ぶ。

【ひも2本の場合】
①空き缶に穴を2個あける。
②ひもを通し、端を結んで団子にする。同じものを2個つくる。

好きな模様でつくってね
万華鏡

お～！キレイだなぁ～！

わー！すごい！

わたしはキレイなビーズを入れてみよう！

ちょこっとコラム

向こうの景色が見える万華鏡を持って、庭や公園でぼんやりしているのが大好きです。そんな気持ちを味わってほしくて、簡単な万華鏡を紹介します。

遊び方 のぞき穴からのぞいてみよう。筒を出し入れしたりペットボトルを回したりすると、模様が変わってきれいだよ。

昔ながらのおもちゃ

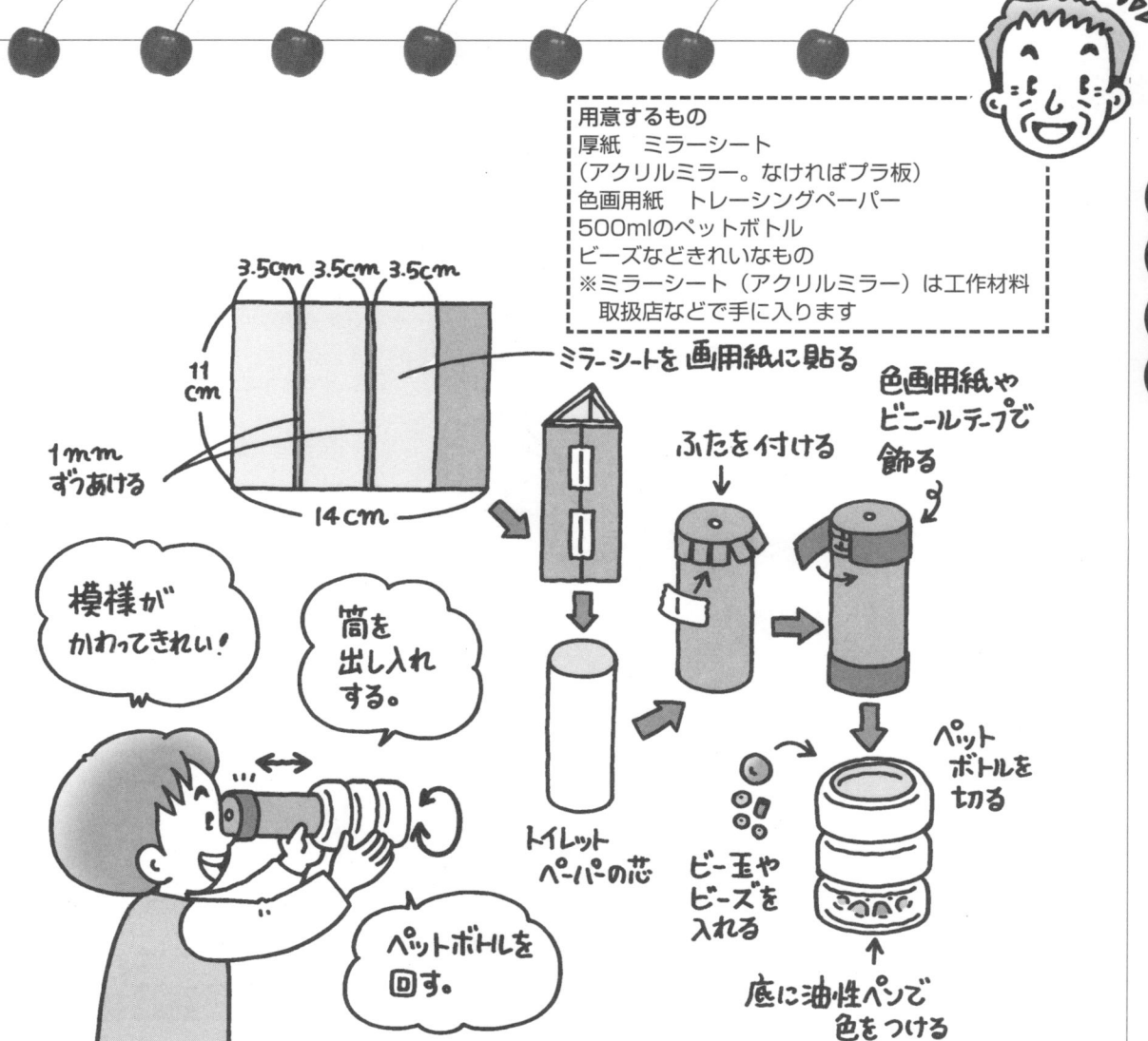

用意するもの
厚紙　ミラーシート
（アクリルミラー。なければプラ板）
色画用紙　トレーシングペーパー
500mlのペットボトル
ビーズなどきれいなもの
※ミラーシート（アクリルミラー）は工作材料取扱店などで手に入ります

- 3.5cm 3.5cm 3.5cm
- 11cm
- 1mmずつあける
- 14cm
- ミラーシートを画用紙に貼る
- ふたを付ける
- 色画用紙やビニールテープで飾る
- トイレットペーパーの芯
- ペットボトルを切る
- ビー玉やビーズを入れる
- 底に油性ペンで色をつける
- 模様がかわってきれい！
- 筒を出し入れする。
- ペットボトルを回す。

つくり方

① 図のように、切ったミラーシート3枚を色画用紙に貼る。
② ミラーシートを内側にして三角の筒にする。
③ 筒をトイレットペーパーの芯の中に通す。
④ 筒の片側にトレーシングペーパーでふたをして、のぞき穴をあける。
⑤ 色画用紙やビニールテープで飾る。
⑥ ペットボトルを切る。底にマジックで色をつけ、ビーズなどを入れる。
⑦ ペットボトルに筒を差しこむ。

マフラーを編もう
手づくり編み機

ちょこっとコラム
小学校低学年の授業でつくった、という話を最近よく聞きます。男の子も女の子もいっしょにどうぞ。男の子のセンスが意外といいことに驚かされますよ。

遊び方	子どもたちと編み機をつくってマフラーを編みましょう。 最初にできたものは誰にプレゼントするのかな。 おじいちゃん・おばあちゃん？ 父の日や母の日の贈り物にもいいですね。 だれにプレゼントするか決めてつくると、デザインや長さを決めやすい。

編み機のつくり方

用意するもの
ガムテープの芯
紙テープ
割りばし
布ガムテープ
毛糸　厚紙

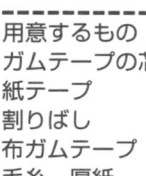

割りばしの4面にカッターで切れ目を入れ3等分する

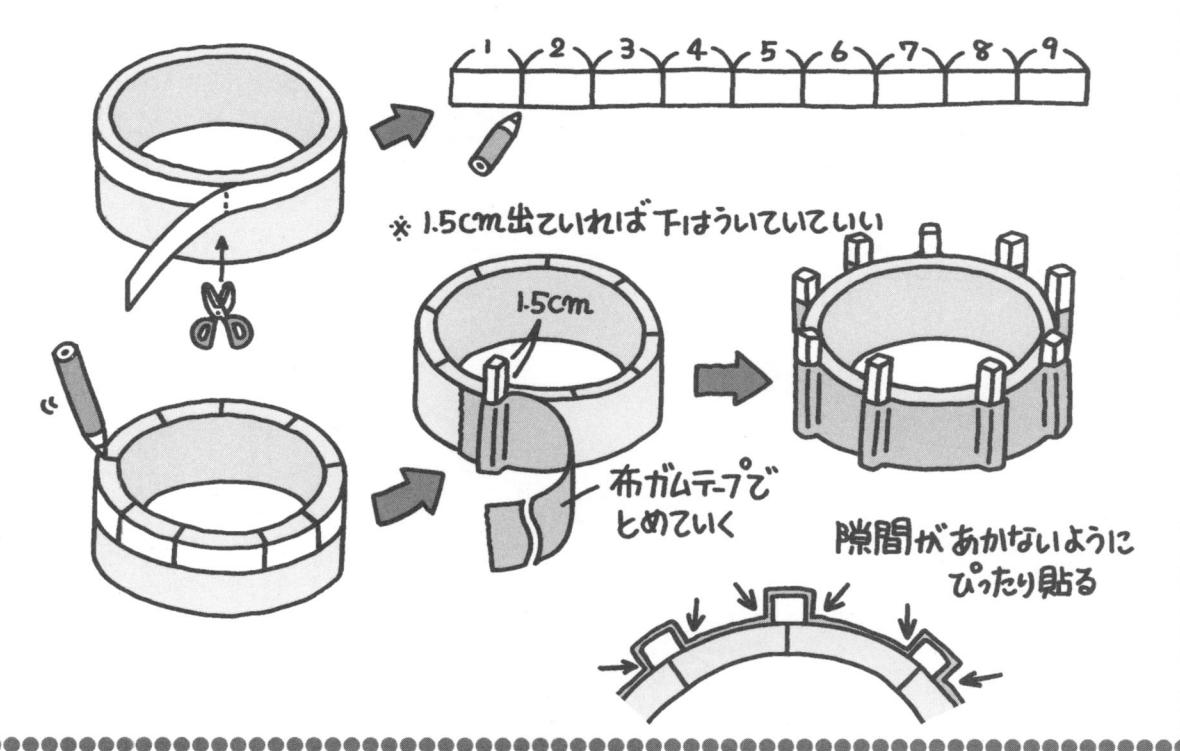

※1.5cm出ていれば下はういていていい

布ガムテープでとめていく

隙間があかないようにぴったり貼る

つくり方

① 割りばしをカッターナイフで3等分する。3分の1の割りばしを9本用意する。

② ガムテープの芯に紙テープを巻き、芯と同じ長さで切る。

③ 紙テープの長さを測り、9等分して印をつける。

④ 紙テープを再び芯に巻き、9等分の印を芯につける。

⑤ 印をつけたところに、割りばしをボンドで貼っていく。芯から1.5cm出して貼る。（割りばしの長さは、上が1.5cm出ていれば少々短くてもよい）

⑥ 割りばしの上から布ガムテープを巻きつける。（注意：隙間があかないように、割りばしをつまむようにていねいに）

昔ながらのおもちゃ

編み方

①編み機の内側に毛糸の先をセロハンテープでとめる（仮どめ）。

②近くの割りばしの外側に毛糸をかける。
- 2本目からは内、外、内の順に交互にかけていく。毛糸をかけるときはゆるめにすると編みやすい。

③そのまま2周目に進んでいく。
- 2周目からは交互になっていく。

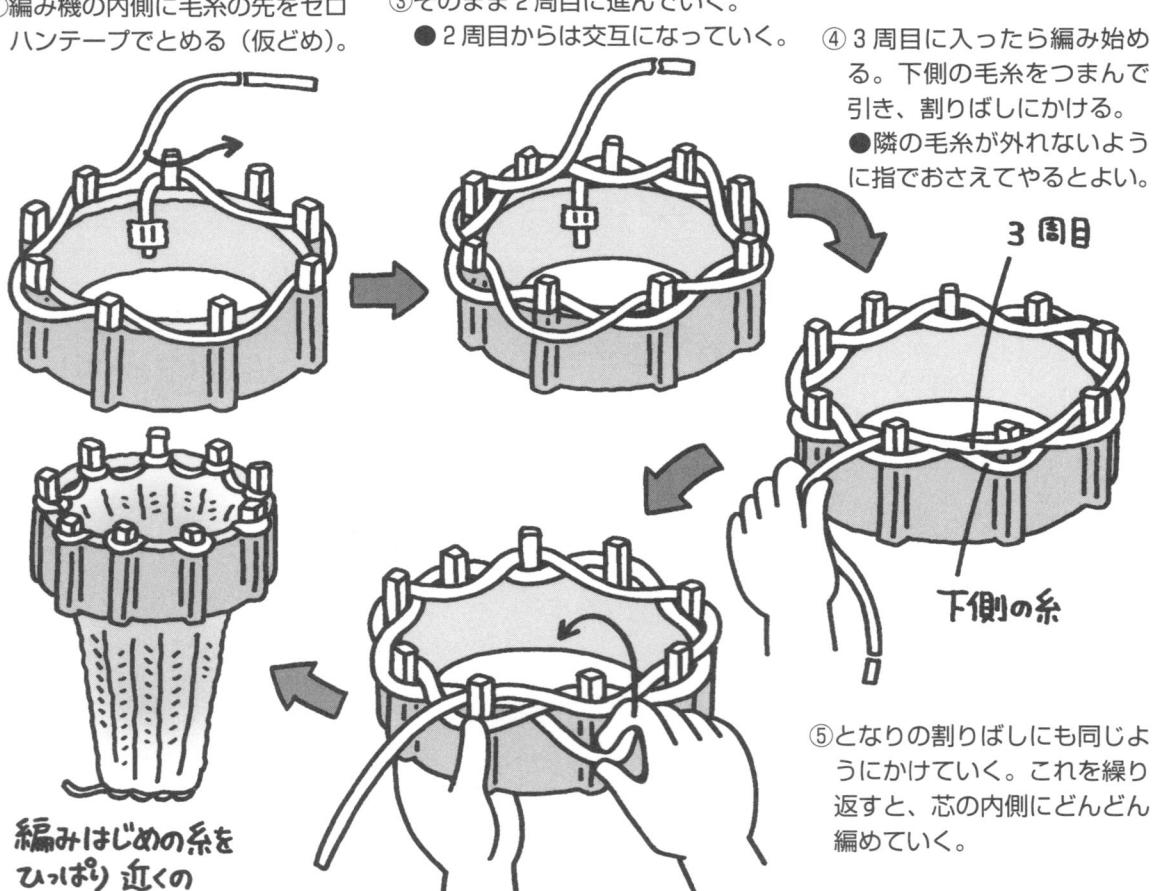

④3周目に入ったら編み始める。下側の毛糸をつまんで引き、割りばしにかける。
- 隣の毛糸が外れないように指でおさえてやるとよい。

3周目

下側の糸

⑤となりの割りばしにも同じようにかけていく。これを繰り返すと、芯の内側にどんどん編めていく。

編みはじめの糸をひっぱり近くの編み目に通して結んでとめる

【編みはじめのしぼり方】　　　【編み終わりのしぼり方】

編みはじめをしぼる

編み終わりは残った毛糸を目の中に通していく

⑥最初に仮どめしておいた編みはじめの毛糸を引っぱる。
⑦引っぱった毛糸は近くの編み目に通して結び、切る。
⑧はみでた目を全部内側へ押しこむ。

⑨編み機1周分の毛糸を残して切る。
⑩割りばしにかけている目を、残した毛糸で1目ずつすくう（目の中に毛糸を通していく）。
　●割りばしから1目ずつ外しながらすくっていく。
⑪1周したら毛糸を引っぱり、近くの目に通して結び、切る。
⑫はみでた目を全部内側に押しこむ。
⑬両端にボンボンをつけてかわいらしく仕上げる。

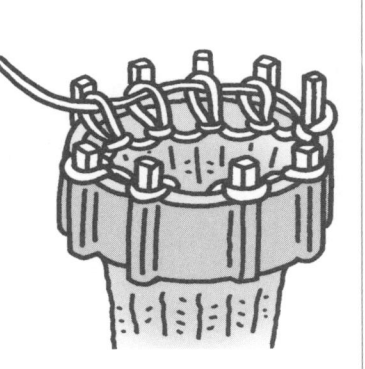

ボンボンのつくり方

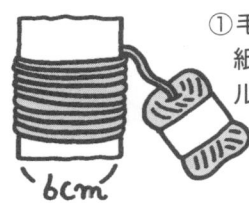

①毛糸を6cmの厚紙に50回ほどグルグルに巻く。
②厚紙を抜き、まん中を同色の毛糸できつく結ぶ。結んだ毛糸は5cmくらいずつ残しておく。 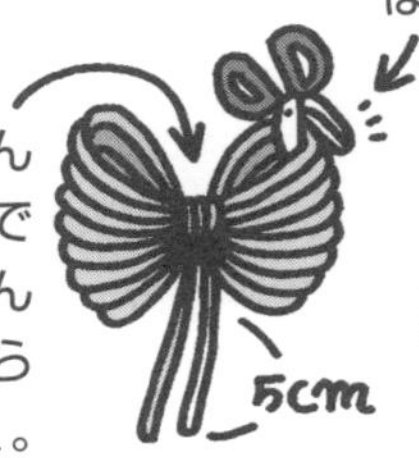
③両側の輪になった部分をはさみで切る。
④球状になるように毛糸を広げ、はさみで丸く刈りこむ。

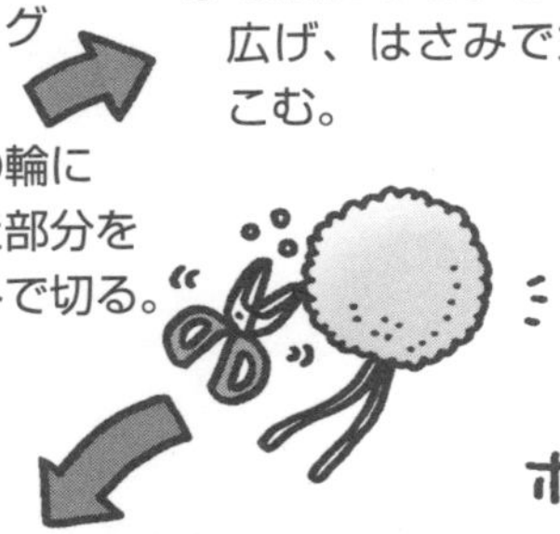

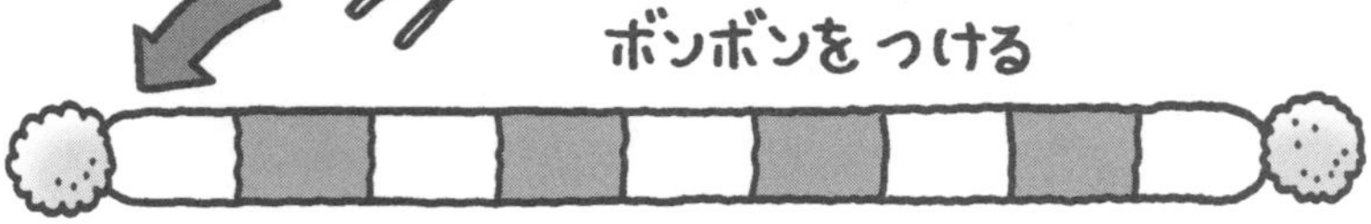

ボンボンをつける

お父さんのウデの見せどころ

コリントゲーム

ちょこっとコラム

温泉地の射的やスマートボールに憧れていました。ピンボールとパチンコの楽しさを併せ持った、親子で楽しめるコリントゲーム盤で遊びましょう。

パチンコよりおもしろい！

ほんと？

50点をねらうぞ！

次はわたし！

遊び方 スタート部分にビー玉を置き、つまみを引いてはじく。ビー玉をたくさん用意して、ビー玉の入ったところの点数を競おう。

【応用】
●幼児向けに、箱の下の部分を分けて、得点ではなくどこに行くかを競うゲーム盤をつくろう（P.75参照）。

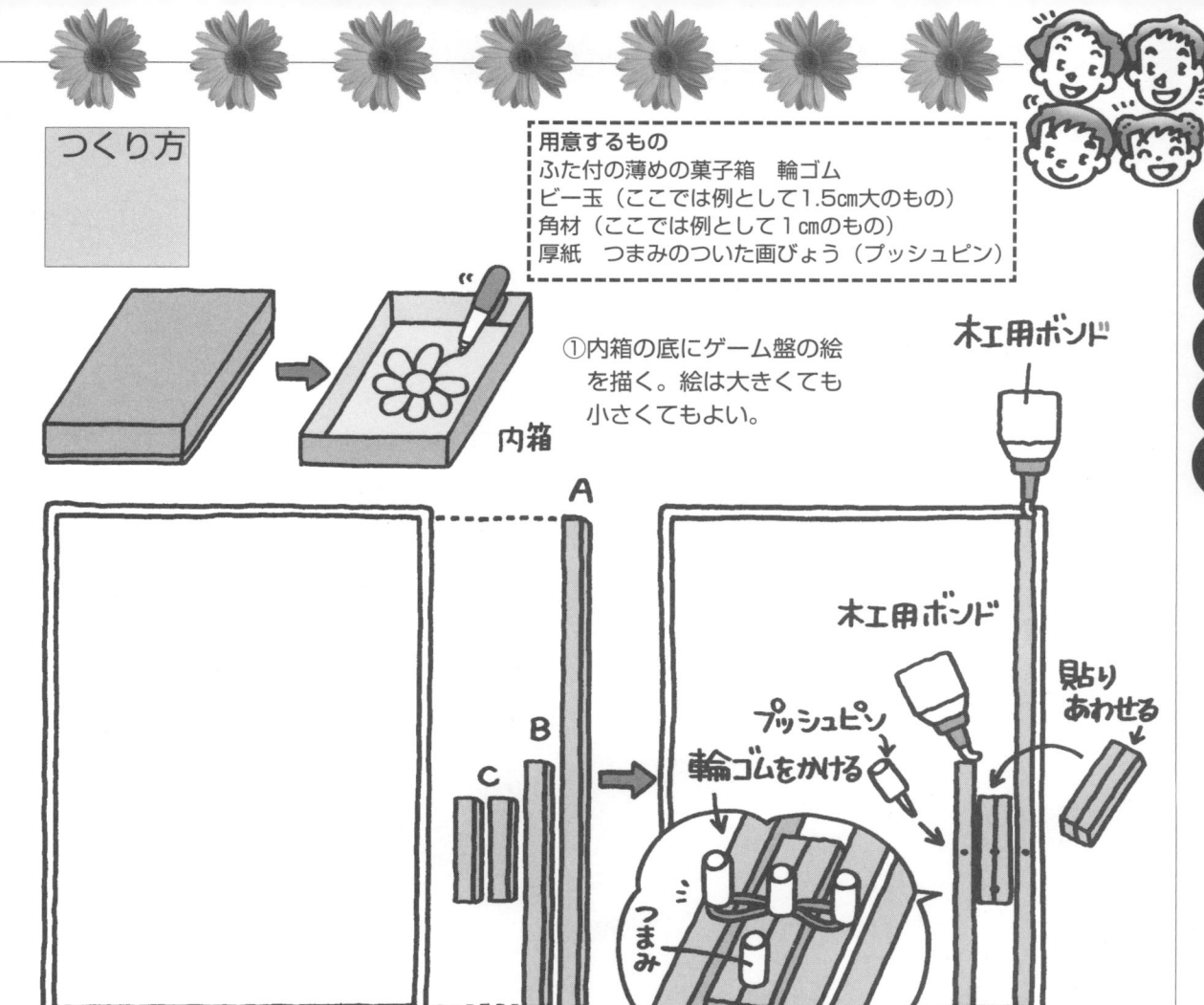

つくり方

用意するもの
ふた付の薄めの菓子箱　輪ゴム
ビー玉（ここでは例として1.5cm大のもの）
角材（ここでは例として1cmのもの）
厚紙　つまみのついた画びょう（プッシュピン）

①内箱の底にゲーム盤の絵を描く。絵は大きくても小さくてもよい。

②箱に合わせて、図のような割合の長さに角材を切る。
③箱の右内側に角材Aを木工ボンドで貼る。
④角材Aと2.5cm間をあけて、下のふちに合わせてAと平行に角材Bを貼る（ビー玉が楽に入るように）。
⑤角材Bにプッシュピンを刺す。角材Aにも同じ位置にプッシュピンを刺す。
⑥角材Cを2本ボンドで貼り合わせ、さらにセロハンテープを巻いて強くする。中央と手前にプッシュピンを2本刺す（手前のピンが発射のつまみになる）。
⑦ボンドが乾いたら、図のように角材ABの間にCを置き、輪ゴムをひねるようにかける。

つくって勝負だゲーム盤

箱の横の長さ×1.5

2cm

ボンドやセロハンテープでとめる

プッシュピンで
ポケットをつくる
点もつけよう！

⑧厚紙を図の長さに切る（箱の横の寸法×1.5倍の長さ、幅2cm）。これを箱の横から上にかけてカーブをつけて貼る。
⑨箱の左上あたりに、プッシュピンを2本刺す。
（注：箱の裏に針が突き出るので、下に台を置いて刺そう）
⑩⑨に輪ゴムをかけて、はじいたビー玉が跳ねかえるようにする。

（注：はじいたビー玉が当たるようにプッシュピンの位置を調整しよう）
位置が決まったらプッシュピンにボンドをつけて固定する。
⑪プッシュピンでビー玉が入るポケットをつくり、点数も書く（ピンはボンドをつけて刺す）。お父さんにパチンコ台を思い出してもらいながらつくるとよい。

箱をずらして重ねるので
ピンの針先もあぶなくない

ガムテープなどで固定

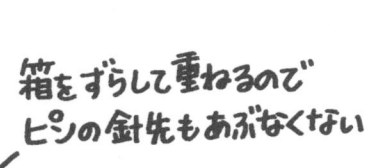

ふた

◀幼児用▶

ぼくはねこ!

うさぎをねらおう!

つくって勝負だゲーム盤

⑫図のようにゲーム盤と箱のふたをずらして重ね、ガムテープなどで固定する。
(注：発射装置のある方を低くする)

何秒で迷路から出られるかな
大型脱出ゲーム

ちょこっとコラム

夏休みに工作の講師を頼まれるとよくつくる人気のゲーム盤です。本書では家族で楽しむことを考えて大型にしました。さあ、親子で真剣に競って、たくさん遊んでくださいね。

遊び方	①ビー玉をスタート地点に入れる。タイムを計り、ゴールまでの時間を競って遊ぼう。 ②慣れてきたら、目かくしの帯をずらしてもう一度やってみよう。新しいゲームになるよ。

【応用】
●プラ板の代わりに箱のふたを使ってやってみよう。スタートとゴールの位置にだけ穴をあけて、目かくし状態でゲームをしてみよう。

つくり方

① 箱の底にゲーム盤の絵を描く。
② 箱に迷路の図面を書く（ビー玉が自由に動く幅をあける）。スタートとゴールの位置を右下と左上につくっておく。
③ 厚紙を2cm幅に切り、図面に合わせて切って木工用ボンドで貼っていく。箱に当たる面だけでなく、つなぎ目にもボンドをつける。

用意するもの
薄い菓子箱
白ボール紙（工作用紙でもよい）
ビー玉　プラ板　色画用紙

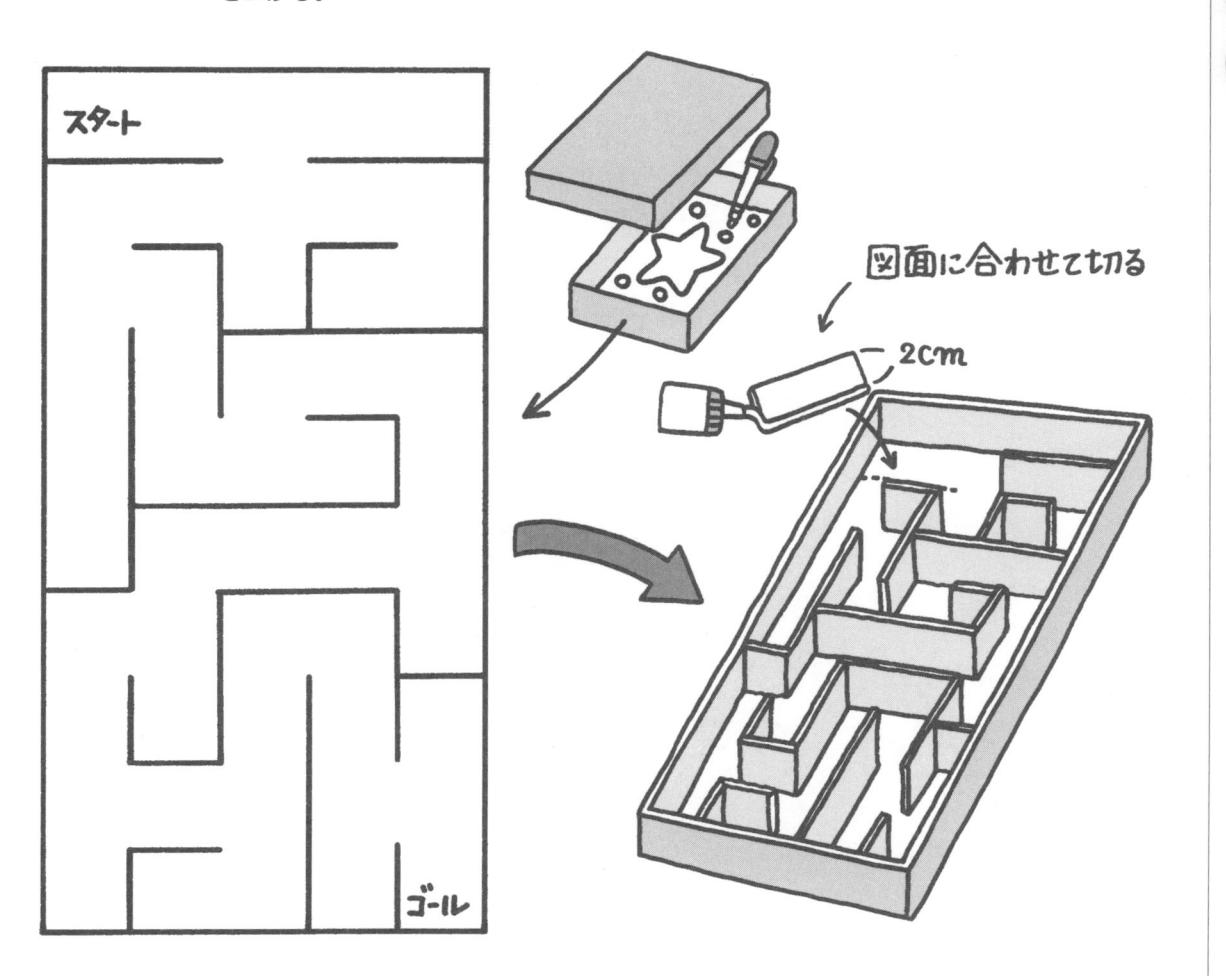

つくって勝負だゲーム盤

スタート

ゴール

図面に合わせて切る

2cm

④箱の大きさに合わせてプラ板を切り、スタートとゴールの部分を切っておく。
⑤箱の淵と厚紙の上にボンドをつけ、プラ板を貼る。

カットする

プラ板

厚紙の上にもボンドをつける

カットする

タイムを計って競争だ！

ビー玉を入れて！

⑥ボンドが乾いたら、淵をビニールテープで固定する。
⑦箱の3分の1くらいの幅で画用紙を長く切る。
⑧画用紙を箱に巻きつけて、上下にスライドできるようにかるく貼る。これが目かくしの帯になる。

つくって勝負だゲーム盤

ビー玉

好きな絵を描く

箱の1/3の長さ

大型脱出ゲーム

ビニールテープ

カタカタカタ…

← 帯を移動させよう

帯をずらすとまた楽しめるよ！

どこから出るかドキドキ
ビー玉のあみだくじマシーン

ちょこっとコラム

立体のあみだくじができたらいいな、とずっと思っていました。ビー玉で遊べるゲーム盤にしました。いろんなゲームや遊び、順番決めなどに使って遊んでください。

「ぼくは60点だった…」
「100点をねらうよ！」
「おじいちゃんは一本抜いて挑戦！」

遊び方

①トイレットペーパーの芯から牛乳パックの中へビー玉を落とす。
②牛乳パックの中をはねながらビー玉が落ちてくる。
③ビー玉が出てきたところの点数を得点としてゲームをしよう。ペットボトルのふたに入れば最高得点！

【応用】

●ゲームのたびに、ビー玉を落とす人が好きなストローを1本引き抜いて、あみだくじのようにやってみよう。毎回違うゲーム盤になって楽しいよ。

つくり方

用意するもの
1リットルの牛乳パック
先の曲がるストロー
小さめのビー玉
トイレットペーパーの芯
ペットボトルのふた

印をつける位置
対面は同じ位置に
となりの面とはずらして印をつける

2cm / 2cm / 2cm / 2cm / 2cm / 2cm / 2cm

穴をあける

5cm / 5cm / 1cm / 1cm / 1cm / 1cm

対面まで通りぬけさせる

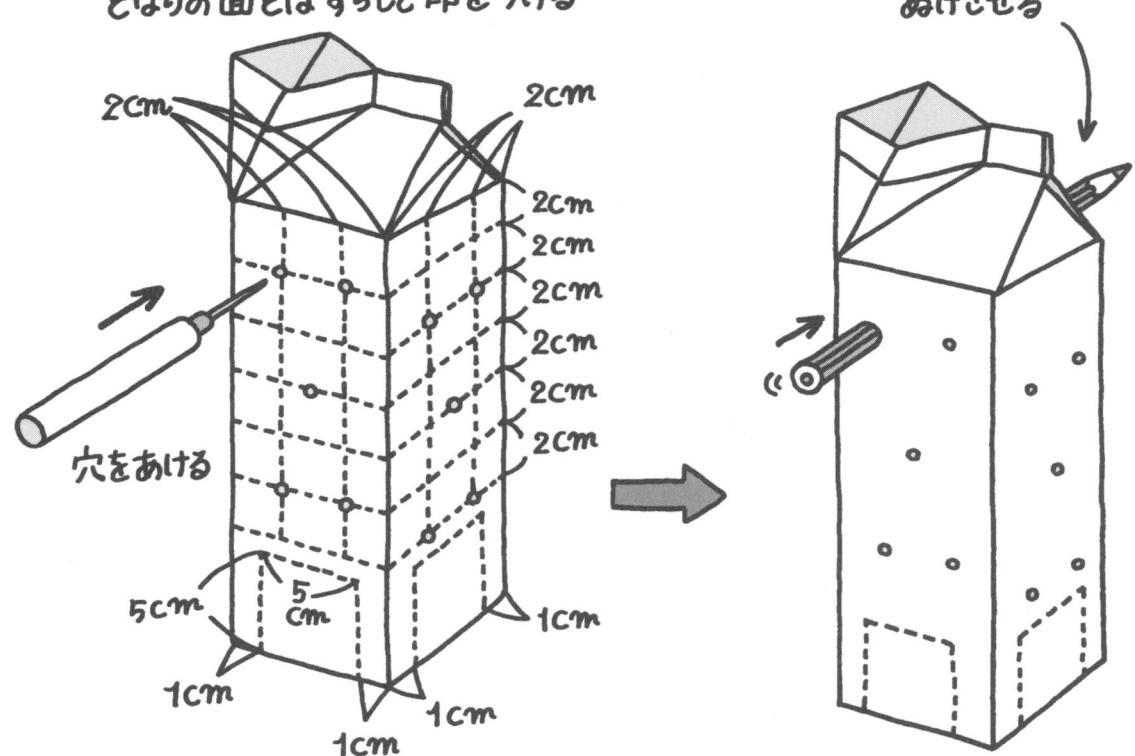

① 図のように、牛乳パックの4面に5個ずつ印をつける。
（注意：幅はビー玉の大きさよりせまくならないように。対面は同じ位置になるように）
② 千枚通しで穴をあけ、鉛筆で対面の穴まで通り抜けさせる。

つくって勝負だゲーム盤

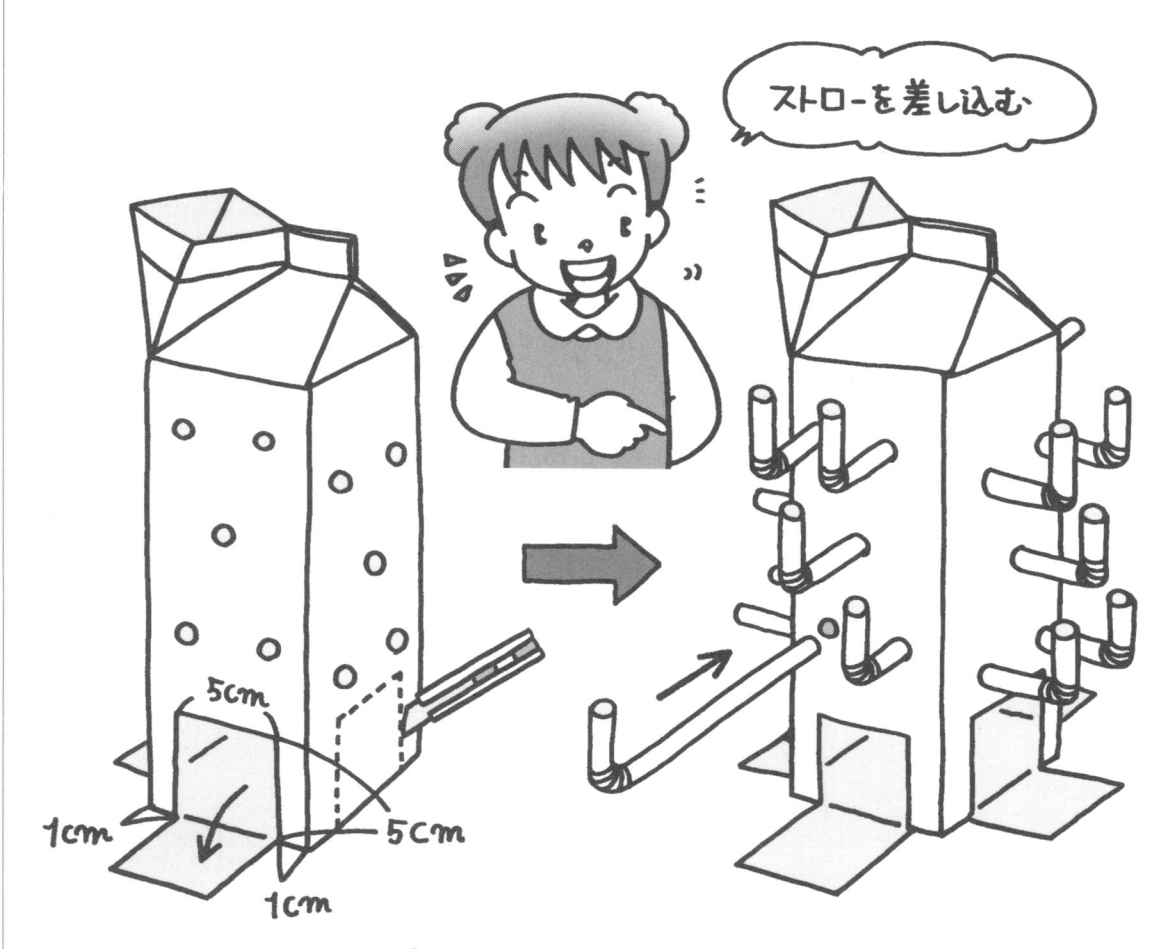

③図のように、牛乳パックの下の4面に線を引く。
④カッターナイフで切り抜き、外側に開く。
⑤先の曲がるストローを穴に差しこみ、上を向けて曲げておく。

半分に切る

ホッチキスでとめる

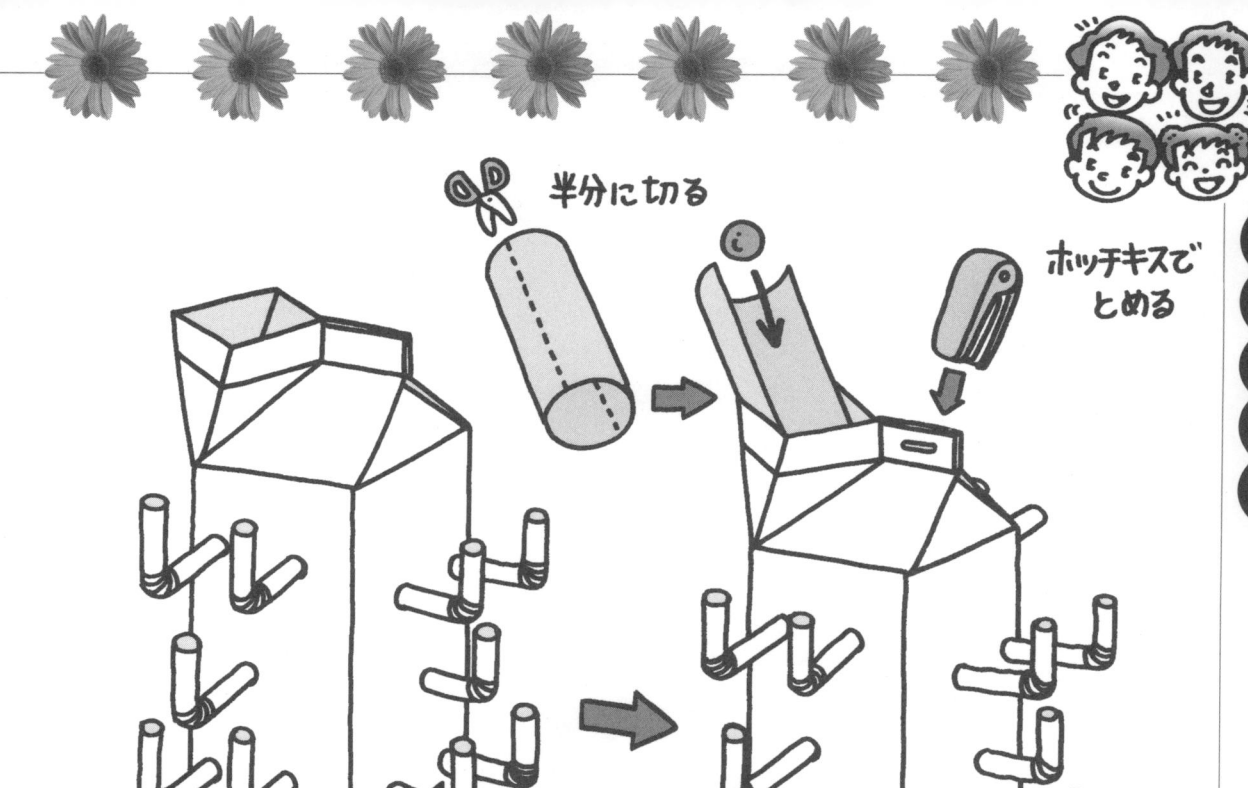

点数を書く

底に貼る

つくって勝負だゲーム盤

⑥切り開いた部分に点数を書く。
⑦牛乳パックの底の中央に、ペットボトルのふたを上向きに貼りつける。ふたの中は最高得点をつけておく。

⑧半分に切ったトイレットペーパーの芯を、牛乳パックの口に固定する（牛乳パックの口が全部開いていたら、半分をホッチキスでとめる）。

大人も子どもも熱くなる
モグラたたきゲーム

ちょこっとコラム

ゲームセンターなどでもおなじみのモグラたたきを、ストローをつないで手づくりしてみましょう。大きくつくって、家族みんなでお楽しみください。

| 遊び方 | ①1人がうちわを持って正面に立つ。もう1人がストローを吹いてモグラをふくらませる。
②うちわを持った人は、モグラが出てきたらすばやくたたく。
③ストロー係はたたかれる前にすばやくストローを吸って逃げる。これを繰り返してモグラたたきを楽しもう。

【応用】
● 大きくつくり、複数でストローを吹いてやってみよう（P.87参照）。

つくり方

①箱に7cm×7cm（牛乳パックが入る大きさ）の穴を3個あける。箱が大きければ穴は4個でも5個でもよい（箱の大きさに合わせてつくる）。

用意するもの
大き目の菓子箱など
先の曲がるストロー
牛乳パック3本　傘ポリ袋
厚紙　画用紙　うちわ

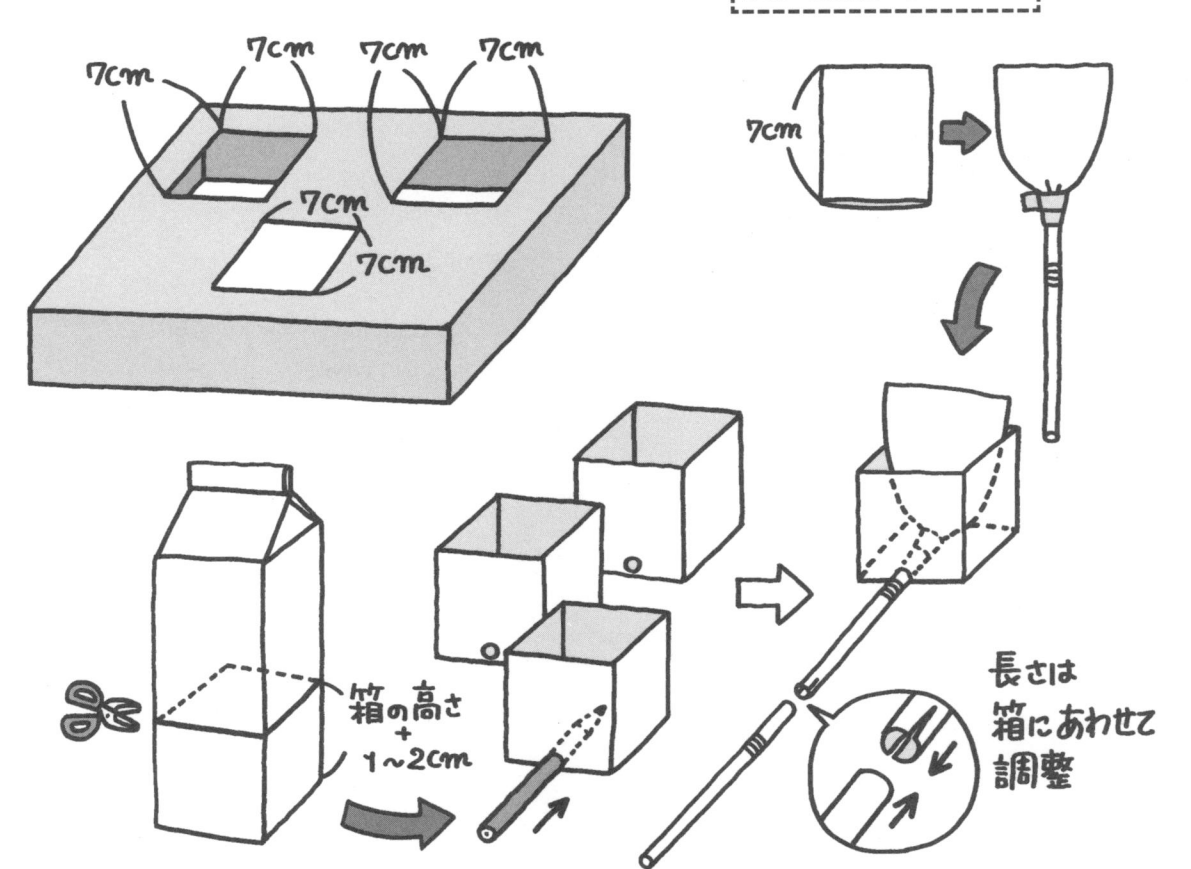

②箱の高さより1〜2cm高く牛乳パックを切る。これを3個つくる。
③牛乳パックの底に近い部分に穴をあけ、鉛筆を差して穴を大きくしておく。
④傘ポリ袋を7cmくらいの長さに切る。
⑤先の曲がるストローの短い方に傘ポリ袋をかぶせ、セロハンテープをストローに巻きつけて貼る。
⑥牛乳パックの中に入れて、ストローを穴から外に出す。

ストローが出る部分の
箱を切る

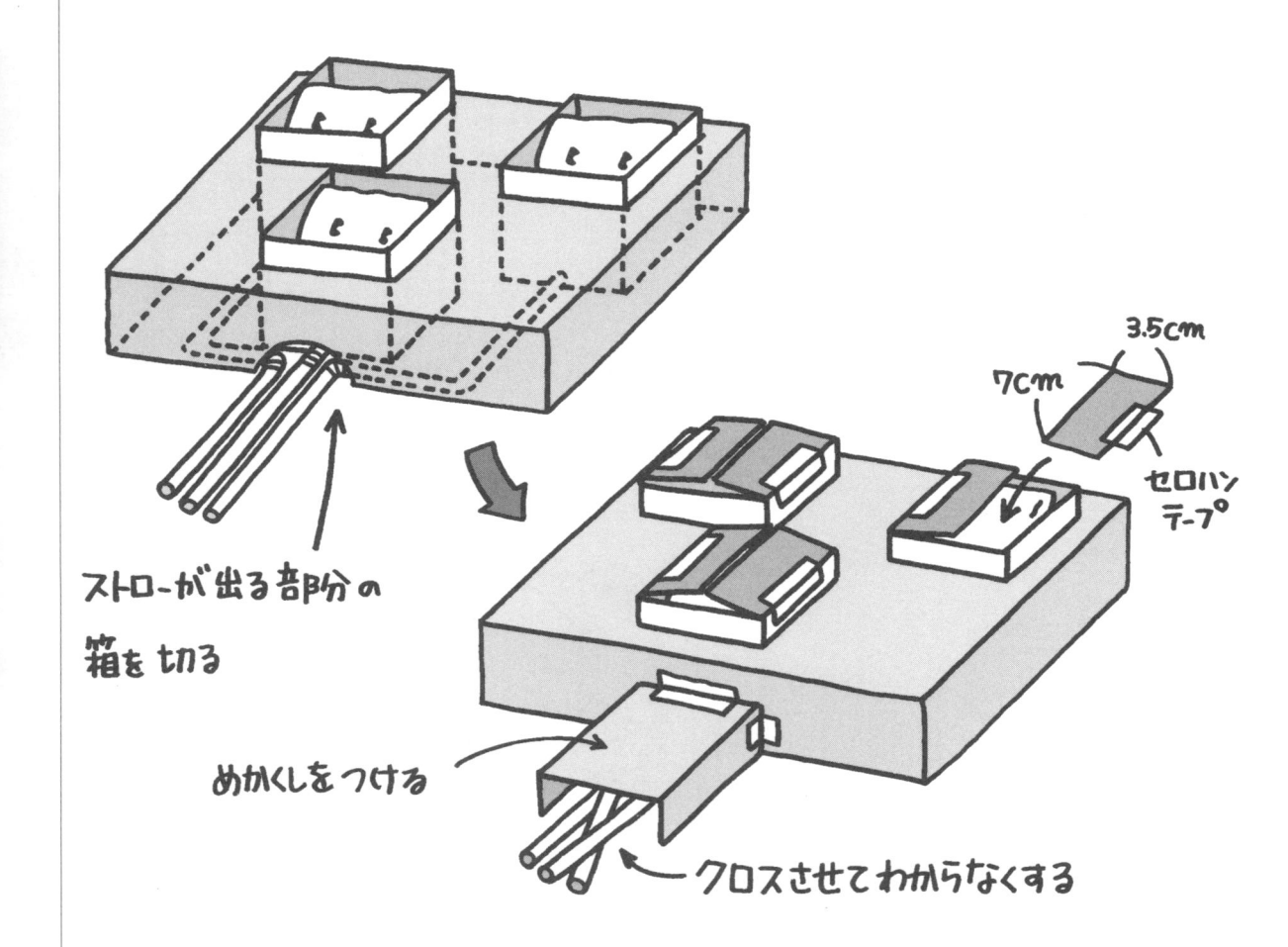

めかくしをつける

クロスさせてわからなくする

3.5cm
7cm
セロハンテープ

⑦これを3個とも箱にセットするが、ストローを1ヵ所にそろえるため、短いものはつなぎ合わせて長くする。
⑧ストローをそろえたところに、図のように画用紙で目かくしをつける。

⑨厚紙を7cm×3.5cmに切り、牛乳パック3個にふたをするように、セロハンテープで貼る。
（注：開きやすいように貼る）

大きくつくってみよう

パーティーなどで、お客さんもいっしょに遊びましょう。

こんなサイコロ素敵でしょ
CDすごろくゲーム

ちょこっとコラム

大きなすごろくをつくって、サイコロ代わりに「CDのこま」を使って遊びましょう。長時間楽しめて、家族で集中できるすごろくです。

遊び方 ルーレットごまをサイコロ代わりに、家族ですごろくをしよう。

【応用】
●すごろくをつくらないで、家の中か広い公園でやってみよう。

つくって勝負だゲーム盤

用意するもの
全紙くらいの紙
（カレンダーなどでもよい）
不要になったCD　ビー玉　画用紙
大き目の紙皿（丸いお盆でもよい）

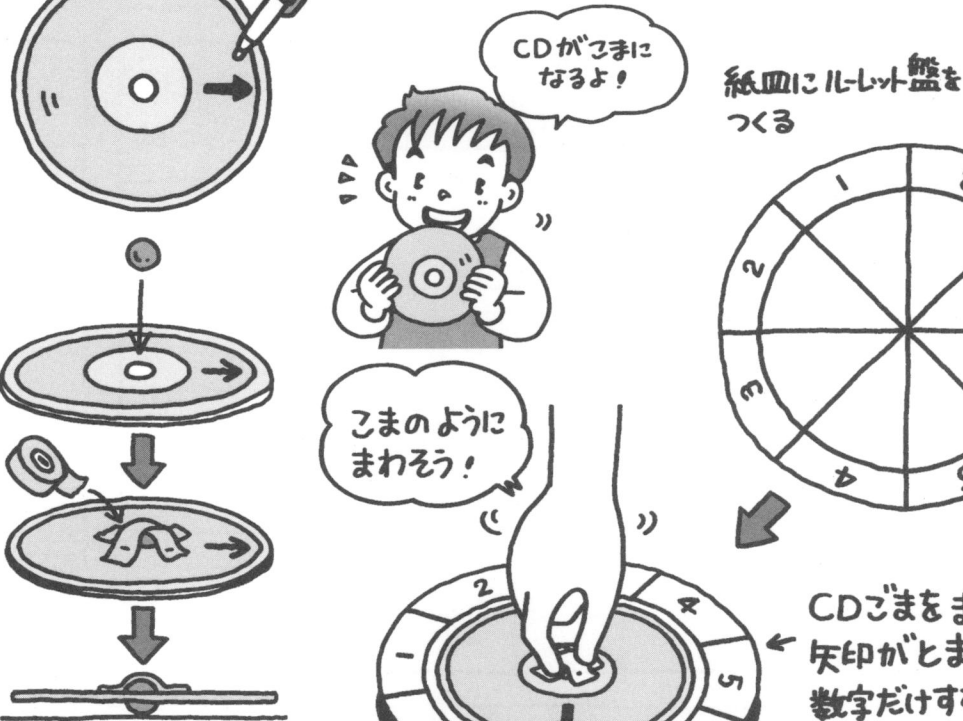

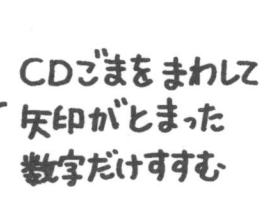

矢印をかく

CDがこまになるよ！

紙皿にルーレット盤をつくる

こまのようにまわそう！

CDごまをまわして矢印がとまった数字だけすすむ

つくり方

① 油性ペンでCDに矢印を描く。絵も描いてよい。
② CDの中心にビー玉を貼りつけてこまにする。
③ 紙皿を8等分（または6等分）して線を書き、ルーレット盤をつくる。

● すごろくのほかにも、ルーレットを使ったいろんなゲームを考えてみよう。
【例】野球ゲーム・点とりゲーム・占い・夕食のメニュー選び　など

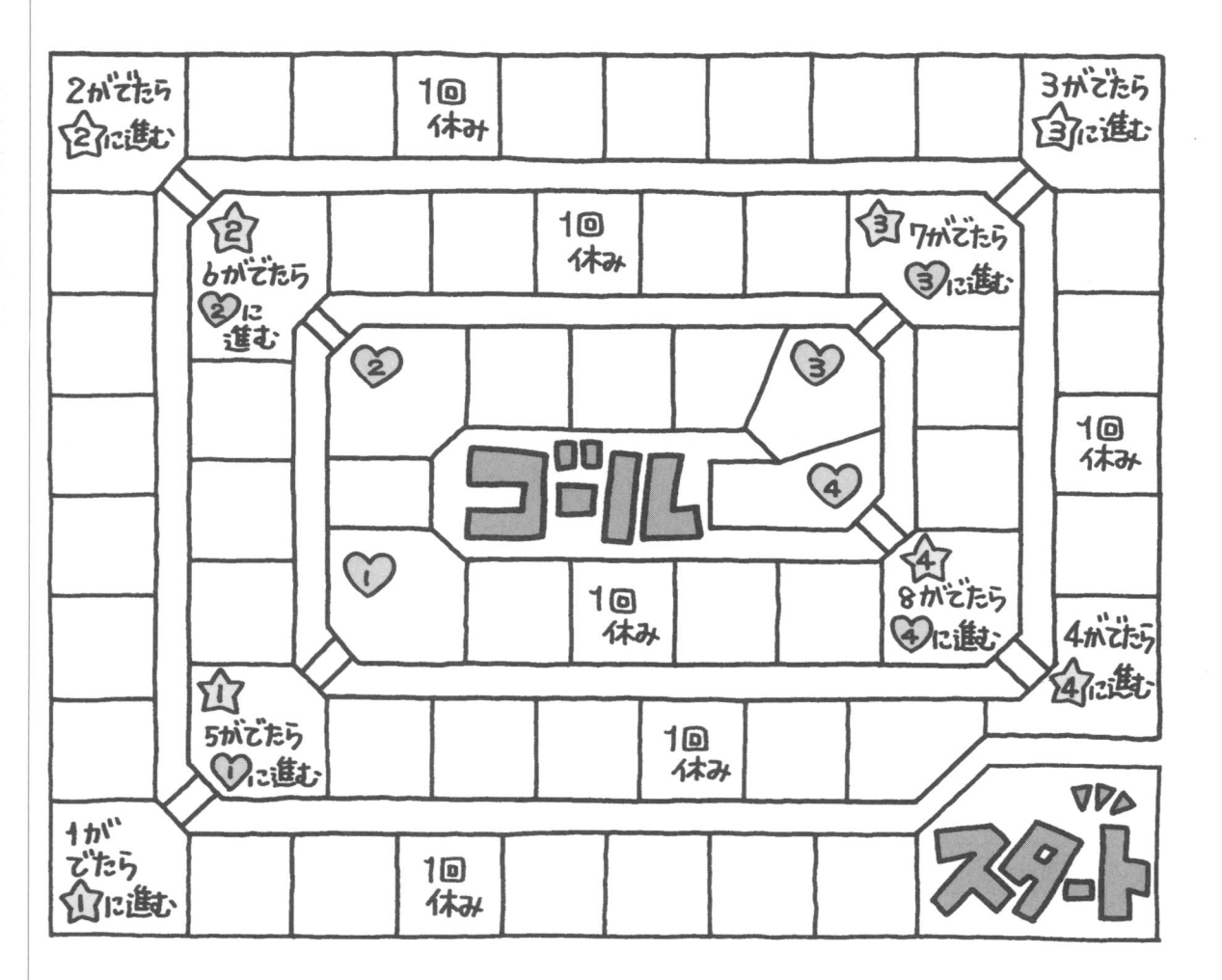

④全紙いっぱいに大型のすごろくをつくる（上の絵を拡大コピーしてもよい）。家族で遊べるようにルールを考えよう。

つくって勝負だゲーム盤

こまをつくる

8cm
2cm
谷折り　山折り　谷折り

パパ　ママ　おじいちゃん　おばあちゃん

ひとし　ゆみ

「スゴロクに いろんな こまをふやそう！」

「「肩たたき」の こまをつくって ほしいな～！」

「「お手伝い」の こまはどう？」

「おやつが食べられる こまがいいなあ～！」

⑤色画用紙を2cm×8cmに切り、図のように折って駒をつくる。家族全員の分をつくろう。
友だちの分もつくっておけば、友だちが来たときにいっしょに遊べるね。

知恵をしぼって
王さまパズル

ちょこっとコラム

昔からあるおもちゃです。ボクが最初に見たのは下町の資料館のようなところで、箱入り娘を出すおもちゃでした。でも、今ではもう出し方を覚えていません。

遊び方
① キャラクターをP.95のように全部並べてから、たぬきのこまを取ってスタート。
② ケースの中でこまを移動させ、王様のこまを下のあいているわくから外に出す。
③ 次はうさぎをとってやってみよう。
④ いちばん難しいのはへび。2枚とも抜いてやってみよう。

【応用】
● いろんなキャラクターでつくってみよう。

つくり方

用意するもの
のりパネル　プラ板
画用紙　スプレーのり

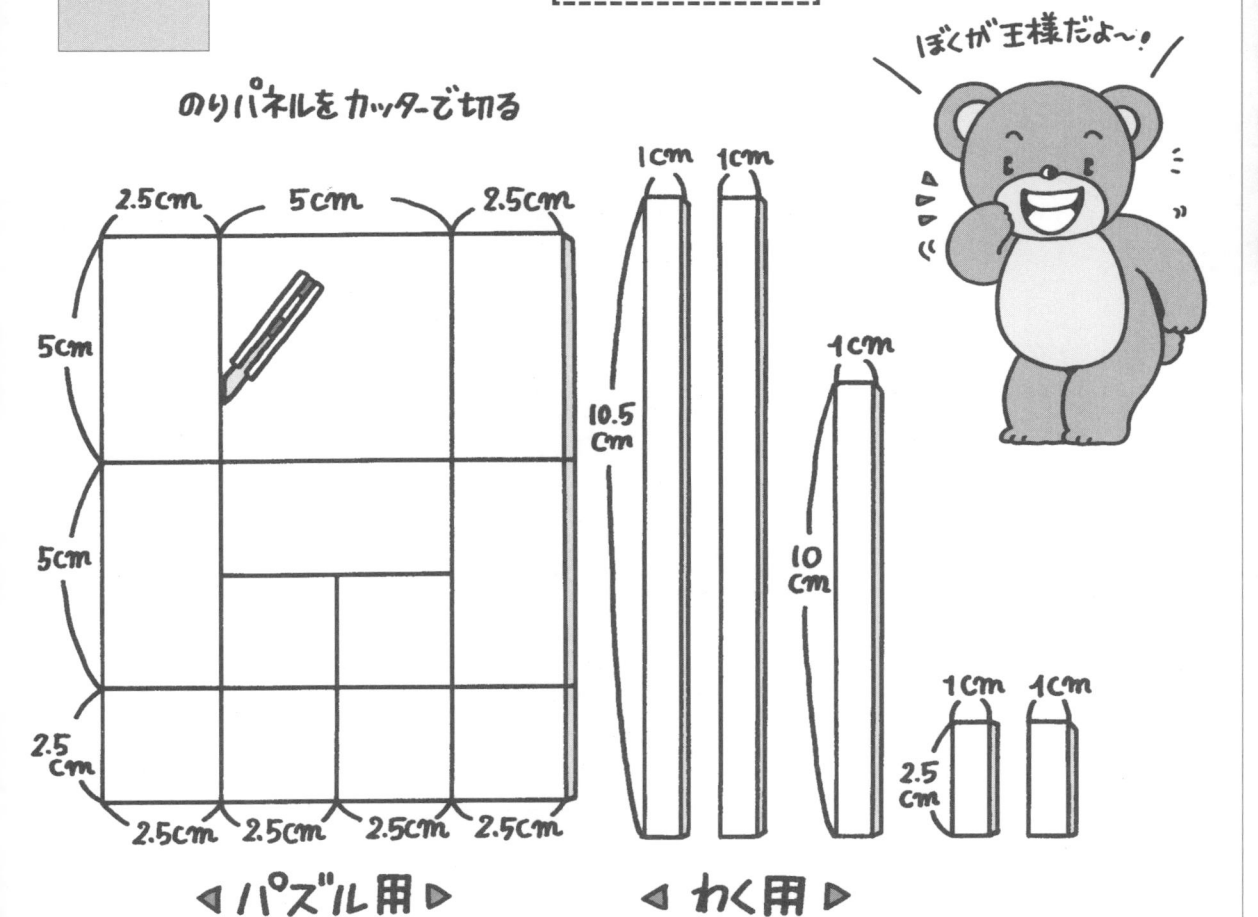

ぼくが王様だよ～！

つくって勝負だゲーム盤

のりパネルをカッターで切る

2.5cm　5cm　2.5cm

5cm

5cm

2.5cm

2.5cm　2.5cm　2.5cm　2.5cm

◀ パズル用 ▶

1cm　1cm

10.5cm

1cm

10cm

1cm　1cm

2.5cm

◀ わく用 ▶

① のりパネルをカッターナイフで図の寸法に切る（パネル用）。
② わく用に、のりパネルを図の寸法で切る。

プラスチックの板

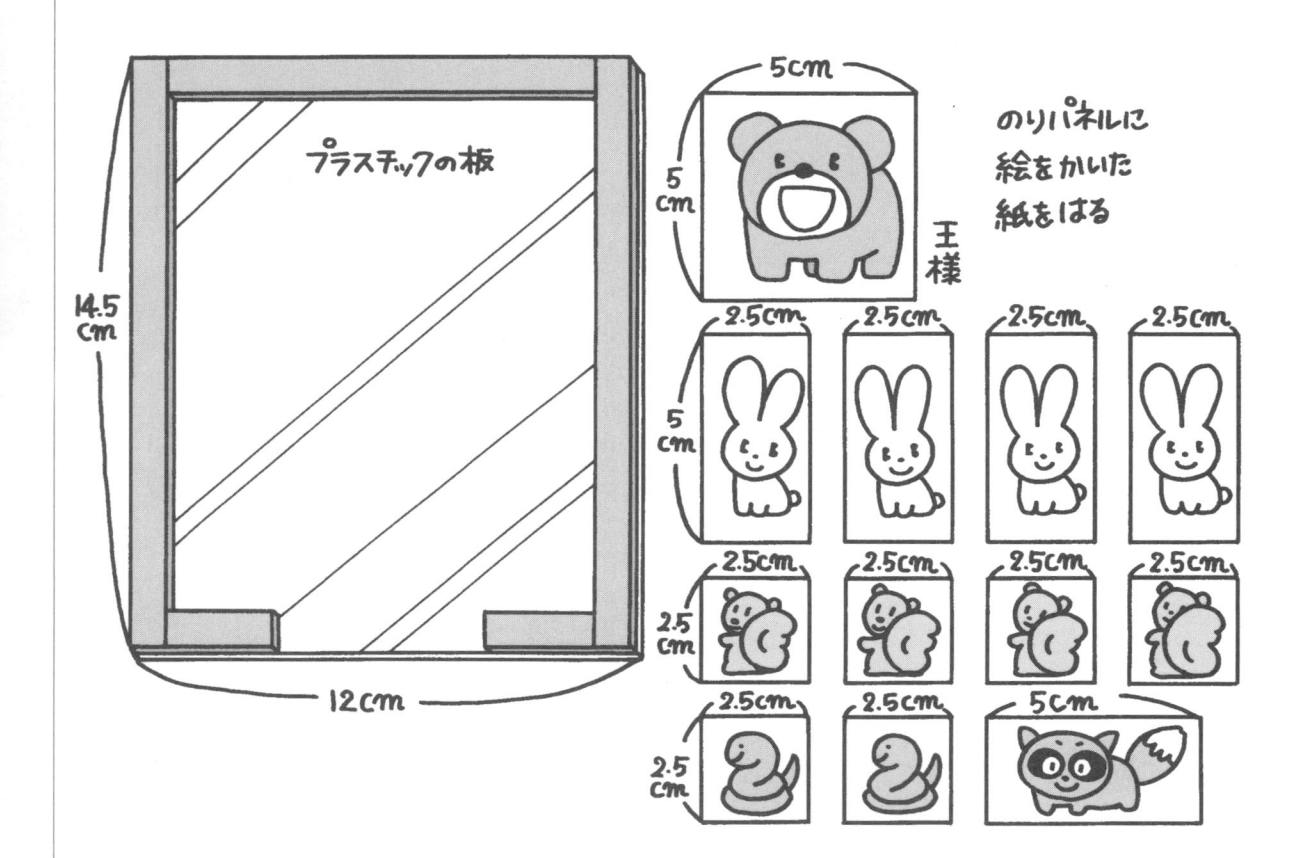

14.5 cm

12 cm

5 cm
5 cm
王様

のりパネルに絵をかいた紙をはる

2.5 cm / 5 cm (うさぎ ×4)

2.5 cm / 2.5 cm (りす ×4)

2.5 cm / 2.5 cm (へび ×2)

5 cm / 2.5 cm (たぬき)

③12cm×14.5cmのプラ板に、わく用ののりパネルを貼る。
④絵を描いた紙やカレンダーなどを、プラ板の裏側にスプレーのりで貼ると、きれいなゲーム盤になるよ。
⑤①で切ったのりパネルに、キャラクターを描いた紙を貼る。

たぬきをぬいて
他のこまを移動させ
くま（王様）をわくから
出す

次はうさぎをぬいてやってみよう　　いちばんむずかしいのはへび！

◀◀◀ 出てきたよ！

つくって勝負だゲーム盤

ちょこっとコラム　パート2

ボクは1回しか成功していません。でも必ずできますから、あきらめないでがんばってください。うまく出せたときの喜びは格別です。

【編著者紹介】木村 研 きむら けん
1949年 鳥取県生まれ
現在 児童文学作家 日本児童文学者協会会員 こどもの本WAVE会員
著書『一人でもやるぞ！と旅に出た』『おねしょがなおるおまじない！』『おしっこでるでる大さくせん！』（以上、草炎社）『999ひきのきょうだい』『999ひきのきょうだいのおひっこし』（以上、ひさかたチャイルド）『わすれんぼうのぼう』（草土文化）『子育てをたのしむ手づくり絵本』『遊ばせ上手は子育て上手』（以上、ひとなる書房）「ゆびあそびシリーズ」（星の環会）『手づくりおもちゃを100倍楽しむ本』『準備いらずのクイック教室遊び』『おはなしぽけっとシアター』『教室でできるクイック5分間工作』『まるごとバスレク　100倍楽しむ本』＜共著＞（以上、いかだ社）など

【イラスト】種田瑞子 たねだ みずこ
桑沢デザイン研究所を卒業後、現在フリーのイラストレーター。ジャンルを問わず幅広い分野で活躍中。『子どもと楽しむバルーンアート』他（いかだ社）イラスト担当。

ブックデザイン●渡辺美知子デザイン室＋リトルこうちゃん

親子で楽しむ手づくりおもちゃ 大集合BOOK
2008年6月10日　第1刷発行

編著者●木村 研©
発行人●新沼光太郎
発行所●株式会社いかだ社
　　　〒102-0072　東京都千代田区飯田橋2-4-10加島ビル
　　　Tel.03-3234-5365　Fax.03-3234-5308
　　　振替・00130-2-572993

印刷・製本　株式会社ミツワ
乱丁・落丁の場合はお取り換えいたします。
ISBN978-4-87051-238-2

本書の内容を権利者の承諾なく、営利目的で転載・複写・複製することを禁じます。